期货从业人员资格考试 专用教材

期货法律法规

期货从业人员资格考试专用教材编写组　编

北京理工大学出版社
BEIJING INSTITUTE OF TECHNOLOGY PRESS

版权专有 侵权必究

图书在版编目（CIP）数据

期货法律法规/期货从业人员资格考试专用教材编写组编．—北京：北京理工大学出版社，2017.2（2018.4重印）

ISBN 978-7-5682-3664-5

Ⅰ.①期… Ⅱ.①期… Ⅲ.①期货交易—法规—中国—资格考试—自学参考资料 Ⅳ.①D922.287

中国版本图书馆CIP数据核字（2017）第023294号

出版发行 / 北京理工大学出版社有限责任公司
社　　址 / 北京市海淀区中关村南大街5号
邮　　编 / 100081
电　　话 / (010) 68914775（总编室）
　　　　　(010) 82562903（教材售后服务热线）
　　　　　(010) 68948351（其他图书服务热线）
网　　址 / http://www.bitpress.com.cn
经　　销 / 全国各地新华书店
印　　刷 / 三河市文阁印刷有限公司
开　　本 / 710毫米×1000毫米 1 / 16
印　　张 / 10　　　　　　　　　　　　　　　　责任编辑 / 周艳红
字　　数 / 200千字　　　　　　　　　　　　　　文案编辑 / 魏苗苗
版　　次 / 2017年2月第1版　2018年4月第2次印刷　责任校对 / 孟祥敬
定　　价 / 36.00元　　　　　　　　　　　　　　责任印制 / 边心超

图书出现印装质量问题，请拨打售后服务热线，本社负责调换

前言

期货从业人员资格考试由中国期货业协会举办。该考试采用计算机闭卷考试的方式，考试题型全部为客观题，包含单项选择题、多项选择题、判断题和综合题。考生需在主办方举办的考试中同时通过《期货基础知识》、《期货法律法规》科目，即可取得期货从业资格证书。

为了适应期货从业人员资格考试的新要求、新变化，更好地满足广大考生的需求，帮助广大考生准确理解和掌握最新考试大纲的有关内容，我们组织了一批长期从事期货从业人员资格考试教学研究并具有丰富理论和实践经验的专家和老师，依据中国期货业协会最新发布的《期货法律法规考试大纲》的要求，编写了《期货法律法规》。

本教材收录最新的期货从业、执业方面的行政法规、部门规章以及自律性规则等，针对考试的重难点及高频考点，在相应的法律法规后面配以考题，方便考生更深刻地理解考试大纲的要求，把握命题规律，从而达到事半功倍的复习效果。

本套考试辅导用书集权威性与时效性、针对性与实用性于一体，不仅充分展现了期货从业人员资格考试独有的特色，而且对考生快速提高应试能力亦有很大的帮助与促进作用。

虽然编者一再精益求精，但由于水平和时间有限，书中难免存在疏漏与不足之处，敬请广大考生和读者斧正，以便不断提高本套考试辅导用书的学术水平和实用性。最后，衷心地祝愿广大考生能够考出好的成绩，顺利过关！

期货从业人员资格考试专用教材编写组

目录 CONTENTS

- ●行政法规 …………………………………………… 1
  - ●期货交易管理条例 ……………………………… 3
- ●部门规章与规范性文件 …………………………… 21
  - ●期货投资者保障基金管理办法 ………………… 23
  - ●期货交易所管理办法 …………………………… 27
  - ●期货公司监督管理办法 ………………………… 42
  - ●期货公司董事、监事和高级管理人员任职资格管理办法 ………………………………………… 60
  - ●期货从业人员管理办法 ………………………… 71
  - ●期货公司首席风险官管理规定（试行） …… 76
  - ●期货公司金融期货结算业务试行办法 ……… 81
  - ●期货公司风险监管指标管理办法 …………… 88
  - ●证券公司为期货公司提供中间介绍业务试行办法 ……………………………………………… 93
  - ●期货市场客户开户管理规定 ………………… 98
  - ●期货公司期货投资咨询业务试行办法 …… 104
  - ●证券期货投资者适当性管理办法 ………… 110
  - ●期货公司资产管理业务试点办法 ………… 117

1

- 协会自律规则 ·· 125
  - 期货从业人员执业行为准则（修订）·················· 127
  - 期货经营机构投资者适当性管理实施指引（试行）········ 132
- 其他 ·· 139
  - 中华人民共和国刑法修正案······························· 141
  - 中华人民共和国刑法修正案（六）摘选················· 144
  - 最高人民法院关于审理期货纠纷案件若干问题的规定（一）···
    ··· 146
  - 最高人民法院关于审理期货纠纷案件若干问题的规定（二）···
    ··· 153

行政法规

行政法规

期货交易管理条例

(2007年3月6日中华人民共和国国务院令第489号公布 根据2012年10月24日国务院《关于修改〈期货交易管理条例〉的决定》及2016年3月1日国务院《关于修改部分行政法规的决定》修订)

第一章 总 则

第一条 为了规范期货交易行为，加强对期货交易的监督管理，维护期货市场秩序，防范风险，保护期货交易各方的合法权益和社会公共利益，促进期货市场积极稳妥发展，制定本条例。

第二条 任何单位和个人从事期货交易及其相关活动，应当遵守本条例。

本条例所称期货交易，是指采用公开的集中交易方式或者国务院期货监督管理机构批准的其他方式进行的以期货合约或者期权合约为交易标的的交易活动。

本条例所称期货合约，是指期货交易场所统一制定的、规定在将来某一特定的时间和地点交割一定数量标的物的标准化合约。期货合约包括商品期货合约和金融期货合约及其他期货合约。

本条例所称期权合约，是指期货交易场所统一制定的、规定买方有权在将来某一时间以特定价格买入或者卖出约定标的物（包括期货合约）的标准化合约。

第三条 从事期货交易活动，应当遵循公开、公平、公正和诚实信用的原则。禁止欺诈、内幕交易和操纵期货交易价格等违法行为。

第四条 期货交易应当在依照本条例第六条第一款规定设立的期货交易所、国务院批准的或者国务院期货监督管理机构批准的其他期货交易场所进行。

禁止在前款规定的期货交易场所之外进行期货交易。

第五条 国务院期货监督管理机构对期货市场实行集中统一的监督管理。

国务院期货监督管理机构派出机构依照本条例的有关规定和国务院期货监督管理机构的授权，履行监督管理职责。

考点回顾 | 单选

期货交易应当在依法设立的（ ）或者国务院期货监督管理机构批准的其他交易场所进行。

A. 期货交易所　　　　　　　　　B. 期货公司
C. 证券交易所　　　　　　　　　D. 证券公司

【答案】A

第二章　期货交易所

第六条　设立期货交易所，由国务院期货监督管理机构审批。

未经国务院批准或者国务院期货监督管理机构批准，任何单位或者个人不得设立期货交易场所或者以任何形式组织期货交易及其相关活动。

第七条　期货交易所不以营利为目的，按照其章程的规定实行自律管理。期货交易所以其全部财产承担民事责任。期货交易所的负责人由国务院期货监督管理机构任免。

期货交易所的管理办法由国务院期货监督管理机构制定。

第八条　期货交易所会员应当是在中华人民共和国境内登记注册的企业法人或者其他经济组织。

期货交易所可以实行会员分级结算制度。实行会员分级结算制度的期货交易所会员由结算会员和非结算会员组成。

第九条　有《中华人民共和国公司法》第一百四十七条规定的情形或者下列情形之一的，不得担任期货交易所的负责人、财务会计人员：

（一）因违法行为或者违纪行为被解除职务的期货交易所、证券交易所、证券登记结算机构的负责人，或者期货公司、证券公司的董事、监事、高级管理人员，以及国务院期货监督管理机构规定的其他人员，自被解除职务之日起未逾5年；

（二）因违法行为或者违纪行为被撤销资格的律师、注册会计师或者投资咨询机构、财务顾问机构、资信评级机构、资产评估机构、验证机构的专业人员，自被撤销资格之日起未逾5年。

第十条　期货交易所应当依照本条例和国务院期货监督管理机构的规定，建立、健全各项规章制度，加强对交易活动的风险控制和对会员以及交易所工作人员的监督管理。期货交易所履行下列职责：

（一）提供交易的场所、设施和服务；

（二）设计合约，安排合约上市；

（三）组织并监督交易、结算和交割；

（四）为期货交易提供集中履约担保；

（五）按照章程和交易规则对会员进行监督管理；

（六）国务院期货监督管理机构规定的其他职责。

期货交易所不得直接或者间接参与期货交易。未经国务院期货监督管理机构审核并报国务院批准，期货交易所不得从事信托投资、股票投资、非自用不动产投资等与其职责无关的业务。

第十一条　期货交易所应当按照国家有关规定建立、健全下列风险管理制度：

（一）保证金制度；

（二）当日无负债结算制度；

（三）涨跌停板制度；
（四）持仓限额和大户持仓报告制度；
（五）风险准备金制度；
（六）国务院期货监督管理机构规定的其他风险管理制度。

实行会员分级结算制度的期货交易所，还应当建立、健全结算担保金制度。

第十二条 当期货市场出现异常情况时，期货交易所可以按照其章程规定的权限和程序，决定采取下列紧急措施，并应当立即报告国务院期货监督管理机构：

（一）提高保证金；
（二）调整涨跌停板幅度；
（三）限制会员或者客户的最大持仓量；
（四）暂时停止交易；
（五）采取其他紧急措施。

前款所称异常情况，是指在交易中发生操纵期货交易价格的行为或者发生不可抗拒的突发事件以及国务院期货监督管理机构规定的其他情形。

异常情况消失后，期货交易所应当及时取消紧急措施。

第十三条 期货交易所办理下列事项，应当经国务院期货监督管理机构批准：

（一）制定或者修改章程、交易规则；
（二）上市、中止、取消或者恢复交易品种；
（三）国务院期货监督管理机构规定的其他事项。

国务院期货监督管理机构批准期货交易所上市新的交易品种，应当征求国务院有关部门的意见。

第十四条 期货交易所的所得收益按照国家有关规定管理和使用，但应当首先用于保证期货交易场所、设施的运行和改善。

考点回顾 | 单选

设立期货交易所，由（　　）审批。

A. 中国期货业协会
B. 中国银监会
C. 国务院
D. 国务院期货监督管理机构

【答案】D

第三章　期货公司

第十五条 期货公司是依照《中华人民共和国公司法》和本条例规定设立的经营期货业务的金融机构。设立期货公司，应当在公司登记机关登记注册，并经国务院期货监督管理机构批准。

未经国务院期货监督管理机构批准,任何单位或者个人不得设立或者变相设立期货公司,经营期货业务。

第十六条　申请设立期货公司,应当符合《中华人民共和国公司法》的规定,并具备下列条件:

(一)注册资本最低限额为人民币 3 000 万元;

(二)董事、监事、高级管理人员具备任职条件,从业人员具有期货从业资格;

(三)有符合法律、行政法规规定的公司章程;

(四)主要股东以及实际控制人具有持续盈利能力,信誉良好,最近 3 年无重大违法违规记录;

(五)有合格的经营场所和业务设施;

(六)有健全的风险管理和内部控制制度;

(七)国务院期货监督管理机构规定的其他条件。

国务院期货监督管理机构根据审慎监管原则和各项业务的风险程度,可以提高注册资本最低限额。注册资本应当是实缴资本。股东应当以货币或者期货公司经营必需的非货币财产出资,货币出资比例不得低于 85%。

国务院期货监督管理机构应当在受理期货公司设立申请之日起 6 个月内,根据审慎监管原则进行审查,作出批准或者不批准的决定。

未经国务院期货监督管理机构批准,任何单位和个人不得委托或者接受他人委托持有或者管理期货公司的股权。

第十七条　期货公司业务实行许可制度,由国务院期货监督管理机构按照其商品期货、金融期货业务种类颁发许可证。期货公司除申请经营境内期货经纪业务外,还可以申请经营境外期货经纪、期货投资咨询以及国务院期货监督管理机构规定的其他期货业务。

期货公司不得从事与期货业务无关的活动,法律、行政法规或者国务院期货监督管理机构另有规定的除外。

期货公司不得从事或者变相从事期货自营业务。

期货公司不得为其股东、实际控制人或者其他关联人提供融资,不得对外担保。

第十八条　期货公司从事经纪业务,接受客户委托,以自己的名义为客户进行期货交易,交易结果由客户承担。

第十九条　期货公司办理下列事项,应当经国务院期货监督管理机构批准:

(一)合并、分立、停业、解散或者破产;

(二)变更业务范围;

(三)变更注册资本且调整股权结构;

(四)新增持有 5% 以上股权的股东或者控股股东发生变化;

(五)国务院期货监督管理机构规定的其他事项。

前款第三项、第五项所列事项，国务院期货监督管理机构应当自受理申请之日起 20 日内作出批准或者不批准的决定；前款所列其他事项，国务院期货监督管理机构应当自受理申请之日起 2 个月内作出批准或者不批准的决定。

第二十条　期货公司或者其分支机构有《中华人民共和国行政许可法》第七十条规定的情形或者下列情形之一的，国务院期货监督管理机构应当依法办理期货业务许可证注销手续：

（一）营业执照被公司登记机关依法注销；

（二）成立后无正当理由超过 3 个月未开始营业，或者开业后无正当理由停业连续 3 个月以上；

（三）主动提出注销申请；

（四）国务院期货监督管理机构规定的其他情形。

期货公司在注销期货业务许可证前，应当结清相关期货业务，并依法返还客户的保证金和其他资产。期货公司分支机构在注销经营许可证前，应当终止经营活动，妥善处理客户资产。

第二十一条　期货公司应当建立、健全并严格执行业务管理规则、风险管理制度，遵守信息披露制度，保障客户保证金的存管安全，按照期货交易所的规定，向期货交易所报告大户名单、交易情况。

第二十二条　从事期货投资咨询业务的其他期货经营机构应当取得国务院期货监督管理机构批准的业务资格，具体管理办法由国务院期货监督管理机构制定。

考点回顾｜单选

申请设立期货公司，注册资本最低限额为人民币（　　）万元。

A. 5 000　　　　B. 3 000　　　　C. 4 000　　　　D. 6 000

【答案】B

第四章　期货交易基本规则

第二十三条　在期货交易所进行期货交易的，应当是期货交易所会员。

符合规定条件的境外机构，可以在期货交易所从事特定品种的期货交易。具体办法由国务院期货监督管理机构制定。

第二十四条　期货公司接受客户委托为其进行期货交易，应当事先向客户出示风险说明书，经客户签字确认后，与客户签订书面合同。期货公司不得未经客户委托或者不按照客户委托内容，擅自进行期货交易。

期货公司不得向客户作获利保证；不得在经纪业务中与客户约定分享利益或者共担风险。

第二十五条　下列单位和个人不得从事期货交易，期货公司不得接受其委托为其进行期货交易：

（一）国家机关和事业单位；

（二）国务院期货监督管理机构、期货交易所、期货保证金安全存管监控机构和期货业协会的工作人员；

（三）证券、期货市场禁止进入者；

（四）未能提供开户证明材料的单位和个人；

（五）国务院期货监督管理机构规定不得从事期货交易的其他单位和个人。

第二十六条 客户可以通过书面、电话、互联网或者国务院期货监督管理机构规定的其他方式，向期货公司下达交易指令。客户的交易指令应当明确、全面。

期货公司不得隐瞒重要事项或者使用其他不正当手段诱骗客户发出交易指令。

第二十七条 期货交易所应当及时公布上市品种合约的成交量、成交价、持仓量、最高价与最低价、开盘价与收盘价和其他应当公布的即时行情，并保证即时行情的真实、准确。期货交易所不得发布价格预测信息。

未经期货交易所许可，任何单位和个人不得发布期货交易即时行情。

第二十八条 期货交易应当严格执行保证金制度。期货交易所向会员、期货公司向客户收取的保证金，不得低于国务院期货监督管理机构、期货交易所规定的标准，并应当与自有资金分开，专户存放。

期货交易所向会员收取的保证金，属于会员所有，除用于会员的交易结算外，严禁挪作他用。

期货公司向客户收取的保证金，属于客户所有，除下列可划转的情形外，严禁挪作他用：

（一）依据客户的要求支付可用资金；

（二）为客户交存保证金，支付手续费、税款；

（三）国务院期货监督管理机构规定的其他情形。

第二十九条 期货公司应当为每一个客户单独开立专门账户、设置交易编码，不得混码交易。

第三十条 期货公司经营期货经纪业务又同时经营其他期货业务的，应当严格执行业务分离和资金分离制度，不得混合操作。

第三十一条 期货交易所、期货公司、非期货公司结算会员应当按照国务院期货监督管理机构、财政部门的规定提取、管理和使用风险准备金，不得挪用。

第三十二条 期货交易的收费项目、收费标准和管理办法由国务院有关主管部门统一制定并公布。

第三十三条 期货交易的结算，由期货交易所统一组织进行。

期货交易所实行当日无负债结算制度。期货交易所应当在当日及时将结算结果通知会员。

期货公司根据期货交易所的结算结果对客户进行结算，并应当将结算结果按照与客户约定的方式及时通知客户。客户应当及时查询并妥善处理自己的交易持仓。

第三十四条 期货交易所会员的保证金不足时，应当及时追加保证金或者自行平仓。会员未在期货交易所规定的时间内追加保证金或者自行平仓的，期货交易所应当将该会员的合约强行平仓，强行平仓的有关费用和发生的损失由该会员承担。

客户保证金不足时，应当及时追加保证金或者自行平仓。客户未在期货公司规定的时间内及时追加保证金或者自行平仓的，期货公司应当将该客户的合约强行平仓，强行平仓的有关费用和发生的损失由该客户承担。

第三十五条 期货交易的交割，由期货交易所统一组织进行。

交割仓库由期货交易所指定。期货交易所不得限制实物交割总量，并应当与交割仓库签订协议，明确双方的权利和义务。交割仓库不得有下列行为：

（一）出具虚假仓单；
（二）违反期货交易所业务规则，限制交割商品的入库、出库；
（三）泄露与期货交易有关的商业秘密；
（四）违反国家有关规定参与期货交易；
（五）国务院期货监督管理机构规定的其他行为。

第三十六条 会员在期货交易中违约的，期货交易所先以该会员的保证金承担违约责任；保证金不足的，期货交易所应当以风险准备金和自有资金代为承担违约责任，并由此取得对该会员的相应追偿权。

客户在期货交易中违约的，期货公司先以该客户的保证金承担违约责任；保证金不足的，期货公司应当以风险准备金和自有资金代为承担违约责任，并由此取得对该客户的相应追偿权。

第三十七条 实行会员分级结算制度的期货交易所，应当向结算会员收取结算担保金。期货交易所只对结算会员结算，收取和追收保证金，以结算担保金、风险准备金、自有资金代为承担违约责任，以及采取其他相关措施；对非结算会员的结算、收取和追收保证金、代为承担违约责任，以及采取其他相关措施，由结算会员执行。

第三十八条 期货交易所、期货公司和非期货公司结算会员应当保证期货交易、结算、交割资料的完整和安全。

第三十九条 任何单位或者个人不得编造、传播有关期货交易的虚假信息，不得恶意串通、联手买卖或者以其他方式操纵期货交易价格。

第四十条 任何单位或者个人不得违规使用信贷资金、财政资金进行期货交易。

银行业金融机构从事期货交易融资或者担保业务的资格，由国务院银行业监督管理机构批准。

第四十一条 国有以及国有控股企业进行境内外期货交易，应当遵循套期保值的原则，严格遵守国务院国有资产监督管理机构以及其他有关部门关于企业以国有资产进入期货市场的有关规定。

第四十二条 境外期货项下购汇、结汇以及外汇收支，应当符合国家外汇管理有关规定。

境内单位或者个人从事境外期货交易的办法，由国务院期货监督管理机构会同国务院商务主管部门、国有资产监督管理机构、银行业监督管理机构、外汇管理部门等有关部门制订，报国务院批准后施行。

★考点回顾 | 多选

下列单位和个人中，（　　）不得从事期货交易，期货公司不得接受其委托为其进行期货交易。

A. 国家机关和事业单位
B. 证券、期货市场禁止进入者
C. 公务员
D. 国务院期货监督管理机构的工作人员

【答案】ABD

第五章　期货业协会

第四十三条 期货业协会是期货业的自律性组织，是社会团体法人。

期货公司以及其他专门从事期货经营的机构应当加入期货业协会，并缴纳会员费。

第四十四条 期货业协会的权力机构为全体会员组成的会员大会。

期货业协会的章程由会员大会制定，并报国务院期货监督管理机构备案。

期货业协会设理事会。理事会成员按照章程的规定选举产生。

第四十五条 期货业协会履行下列职责：

（一）教育和组织会员遵守期货法律法规和政策；

（二）制定会员应当遵守的行业自律性规则，监督、检查会员行为，对违反协会章程和自律性规则的，按照规定给予纪律处分；

（三）负责期货从业人员资格的认定、管理以及撤销工作；

（四）受理客户与期货业务有关的投诉，对会员之间、会员与客户之间发生的纠纷进行调解；

（五）依法维护会员的合法权益，向国务院期货监督管理机构反映会员的建议和要求；

（六）组织期货从业人员的业务培训，开展会员间的业务交流；

（七）组织会员就期货业的发展、运作以及有关内容进行研究；

（八）期货业协会章程规定的其他职责。

期货业协会的业务活动应当接受国务院期货监督管理机构的指导和监督。

考点回顾 多选

期货业协会履行下列职责中的（　　）。

A. 教育和组织会员遵守期货法律法规和政策

B. 负责期货从业人员资格的认定、管理以及撤销工作

C. 受理客户与期货业务有关的投诉，对会员之间、会员与客户之间发生的纠纷进行调解

D. 期货公司业务审批

【答案】ABC

第六章　监督管理

第四十六条　国务院期货监督管理机构对期货市场实施监督管理，依法履行下列职责：

（一）制定有关期货市场监督管理的规章、规则，并依法行使审批权；

（二）对品种的上市、交易、结算、交割等期货交易及其相关活动，进行监督管理；

（三）对期货交易所、期货公司及其他期货经营机构、非期货公司结算会员、期货保证金安全存管监控机构、期货保证金存管银行、交割仓库等市场相关参与者的期货业务活动，进行监督管理；

（四）制定期货从业人员的资格标准和管理办法，并监督实施；

（五）监督检查期货交易的信息公开情况；

（六）对期货业协会的活动进行指导和监督；

（七）对违反期货市场监督管理法律、行政法规的行为进行查处；

（八）开展与期货市场监督管理有关的国际交流、合作活动；

（九）法律、行政法规规定的其他职责。

第四十七条　国务院期货监督管理机构依法履行职责，可以采取下列措施：

（一）对期货交易所、期货公司及其他期货经营机构、非期货公司结算会员、期货保证金安全存管监控机构和交割仓库进行现场检查；

（二）进入涉嫌违法行为发生场所调查取证；

（三）询问当事人和与被调查事件有关的单位和个人，要求其对与被调查事件有关的事项作出说明；

（四）查阅、复制与被调查事件有关的财产权登记等资料；

（五）查阅、复制当事人和与被调查事件有关的单位和个人的期货交易记录、财务会计资料以及其他相关文件和资料；对可能被转移、隐匿或者毁损的文件和资料，可以予以封存；

（六）查询与被调查事件有关的单位的保证金账户和银行账户；

（七）在调查操纵期货交易价格、内幕交易等重大期货违法行为时，经国务院期货监督管理机构主要负责人批准，可以限制被调查事件当事人的期货交易，但限制的时间不得超过15个交易日；案情复杂的，可以延长至30个交易日；

（八）法律、行政法规规定的其他措施。

第四十八条　期货交易所、期货公司及其他期货经营机构、期货保证金安全存管监控机构，应当向国务院期货监督管理机构报送财务会计报告、业务资料和其他有关资料。

对期货公司及其他期货经营机构报送的年度报告，国务院期货监督管理机构应当指定专人进行审核，并制作审核报告。审核人员应当在审核报告上签字。审核中发现问题的，国务院期货监督管理机构应当及时采取相应措施。

必要时，国务院期货监督管理机构可以要求非期货公司结算会员、交割仓库，以及期货公司股东、实际控制人或者其他关联人报送相关资料。

第四十九条　国务院期货监督管理机构依法履行职责，进行监督检查或者调查时，被检查、调查的单位和个人应当配合，如实提供有关文件和资料，不得拒绝、阻碍和隐瞒；其他有关部门和单位应当给予支持和配合。

第五十条　国家根据期货市场发展的需要，设立期货投资者保障基金。

期货投资者保障基金的筹集、管理和使用的具体办法，由国务院期货监督管理机构会同国务院财政部门制定。

第五十一条　国务院期货监督管理机构应当建立、健全保证金安全存管监控制度，设立期货保证金安全存管监控机构。

客户和期货交易所、期货公司及其他期货经营机构、非期货公司结算会员以及期货保证金存管银行，应当遵守国务院期货监督管理机构有关保证金安全存管监控的规定。

第五十二条　期货保证金安全存管监控机构依照有关规定对保证金安全实施监控，进行每日稽核，发现问题应当立即报告国务院期货监督管理机构。国务院期货监督管理机构应当根据不同情况，依照本条例有关规定及时处理。

第五十三条　国务院期货监督管理机构对期货交易所和期货保证金安全存管监控机构的董事、监事、高级管理人员，实行资格管理制度。

第五十四条　国务院期货监督管理机构应当制定期货公司持续性经营规则，对期货公司的净资本与净资产的比例，净资本与境内期货经纪、境外期货经纪等业务规模的比例，流动资产与流动负债的比例等风险监管指标作出规定；对期货公司及其分支机构的经营条件、风险管理、内部控制、保证金存管、关联交易等方面提出要求。

第五十五条　期货公司及其分支机构不符合持续性经营规则或者出现经营风险的，国务院期货监督管理机构可以对期货公司及其董事、监事和高级管理人员采取谈话、提示、记入信用记录等监管措施或者责令期货公司限期整改，并对其整改情况进行检查验收。

期货公司逾期未改正,其行为严重危及期货公司的稳健运行、损害客户合法权益,或者涉嫌严重违法违规正在被国务院期货监督管理机构调查的,国务院期货监督管理机构可以区别情形,对其采取下列措施:

(一)限制或者暂停部分期货业务;
(二)停止批准新增业务;
(三)限制分配红利,限制向董事、监事、高级管理人员支付报酬、提供福利;
(四)限制转让财产或者在财产上设定其他权利;
(五)责令更换董事、监事、高级管理人员或者有关业务部门、分支机构的负责人员,或者限制其权利;
(六)限制期货公司自有资金或者风险准备金的调拨和使用;
(七)责令控股股东转让股权或者限制有关股东行使股东权利。

对经过整改符合有关法律、行政法规规定以及持续性经营规则要求的期货公司,国务院期货监督管理机构应当自验收完毕之日起3日内解除对其采取的有关措施。

对经过整改仍未达到持续性经营规则要求,严重影响正常经营的期货公司,国务院期货监督管理机构有权撤销其部分或者全部期货业务许可、关闭其分支机构。

第五十六条 期货公司违法经营或者出现重大风险,严重危害期货市场秩序、损害客户利益的,国务院期货监督管理机构可以对该期货公司采取责令停业整顿、指定其他机构托管或者接管等监管措施。经国务院期货监督管理机构批准,可以对该期货公司直接负责的董事、监事、高级管理人员和其他直接责任人员采取以下措施:

(一)通知出境管理机关依法阻止其出境;
(二)申请司法机关禁止其转移、转让或者以其他方式处分财产,或者在财产上设定其他权利。

第五十七条 期货公司的股东有虚假出资或者抽逃出资行为的,国务院期货监督管理机构应当责令其限期改正,并可责令其转让所持期货公司的股权。

在股东按照前款要求改正违法行为、转让所持期货公司的股权前,国务院期货监督管理机构可以限制其股东权利。

第五十八条 当期货市场出现异常情况时,国务院期货监督管理机构可以采取必要的风险处置措施。

第五十九条 期货公司的交易软件、结算软件,应当满足期货公司审慎经营和风险管理以及国务院期货监督管理机构有关保证金安全存管监控规定的要求。期货公司的交易软件、结算软件不符合要求的,国务院期货监督管理机构有权要求期货公司予以改进或者更换。

国务院期货监督管理机构可以要求期货公司的交易软件、结算软件的供应商提供该软件的相关资料，供应商应当予以配合。国务院期货监督管理机构对供应商提供的相关资料负有保密义务。

第六十条　期货公司涉及重大诉讼、仲裁，或者股权被冻结或者用于担保，以及发生其他重大事件时，期货公司及其相关股东、实际控制人应当自该事件发生之日起5日内向国务院期货监督管理机构提交书面报告。

第六十一条　会计师事务所、律师事务所、资产评估机构等中介服务机构向期货交易所和期货公司等市场相关参与者提供相关服务时，应当遵守期货法律、行政法规以及国家有关规定，并按照国务院期货监督管理机构的要求提供相关资料。

第六十二条　国务院期货监督管理机构应当与有关部门建立监督管理的信息共享和协调配合机制。

国务院期货监督管理机构可以和其他国家或者地区的期货监督管理机构建立监督管理合作机制，实施跨境监督管理。

第六十三条　国务院期货监督管理机构、期货交易所、期货保证金安全存管监控机构和期货保证金存管银行等相关单位的工作人员，应当忠于职守，依法办事，公正廉洁，保守国家秘密和有关当事人的商业秘密，不得利用职务便利牟取不正当的利益。

考点回顾｜单选

期货投资者保障基金的筹集、管理和使用的具体办法，由国务院期货监督管理机构会同（　　）制定。

A. 国务院财政部门　　　　B. 国务院税务部门
C. 中国期货业协会　　　　D. 国务院商务部门

【答案】A

第七章　法律责任

第六十四条　期货交易所、非期货公司结算会员有下列行为之一的，责令改正，给予警告，没收违法所得：

（一）违反规定接纳会员的；
（二）违反规定收取手续费的；
（三）违反规定使用、分配收益的；
（四）不按照规定公布即时行情的，或者发布价格预测信息的；
（五）不按照规定向国务院期货监督管理机构履行报告义务的；
（六）不按照规定向国务院期货监督管理机构报送有关文件、资料的；
（七）不按照规定建立、健全结算担保金制度的；
（八）不按照规定提取、管理和使用风险准备金的；
（九）违反国务院期货监督管理机构有关保证金安全存管监控规定的；

（十）限制会员实物交割总量的；

（十一）任用不具备资格的期货从业人员的；

（十二）违反国务院期货监督管理机构规定的其他行为。

有前款所列行为之一的，对直接负责的主管人员和其他直接责任人员给予纪律处分，处 1 万元以上 10 万元以下的罚款。

有本条第一款第二项所列行为的，应当责令退还多收取的手续费。

期货保证金安全存管监控机构有本条第一款第五项、第六项、第九项、第十一项、第十二项所列行为的，依照本条第一款、第二款的规定处罚、处分。期货保证金存管银行有本条第一款第九项、第十二项所列行为的，依照本条第一款、第二款的规定处罚、处分。

第六十五条 期货交易所有下列行为之一的，责令改正，给予警告，没收违法所得，并处违法所得 1 倍以上 5 倍以下的罚款；没有违法所得或者违法所得不满 10 万元的，并处 10 万元以上 50 万元以下的罚款；情节严重的，责令停业整顿：

（一）未经批准，擅自办理本条例第十三条所列事项的；

（二）允许会员在保证金不足的情况下进行期货交易的；

（三）直接或者间接参与期货交易，或者违反规定从事与其职责无关的业务的；

（四）违反规定收取保证金，或者挪用保证金的；

（五）伪造、涂改或者不按照规定保存期货交易、结算、交割资料的；

（六）未建立或者未执行当日无负债结算、涨跌停板、持仓限额和大户持仓报告制度的；

（七）拒绝或者妨碍国务院期货监督管理机构监督检查的；

（八）违反国务院期货监督管理机构规定的其他行为。

有前款所列行为之一的，对直接负责的主管人员和其他直接责任人员给予纪律处分，处 1 万元以上 10 万元以下的罚款。

非期货公司结算会员有本条第一款第二项、第四项至第八项所列行为之一的，依照本条第一款、第二款的规定处罚、处分。

期货保证金安全存管监控机构有本条第一款第三项、第七项、第八项所列行为的，依照本条第一款、第二款的规定处罚、处分。

第六十六条 期货公司有下列行为之一的，责令改正，给予警告，没收违法所得，并处违法所得 1 倍以上 3 倍以下的罚款；没有违法所得或者违法所得不满 10 万元的，并处 10 万元以上 30 万元以下的罚款；情节严重的，责令停业整顿或者吊销期货业务许可证：

（一）接受不符合规定条件的单位或者个人委托的；

（二）允许客户在保证金不足的情况下进行期货交易的；

（三）未经批准，擅自办理本条例第十九条所列事项的；

（四）违反规定从事与期货业务无关的活动的；

（五）从事或者变相从事期货自营业务的；

（六）为其股东、实际控制人或者其他关联人提供融资，或者对外担保的；

（七）违反国务院期货监督管理机构有关保证金安全存管监控规定的；

（八）不按照规定向国务院期货监督管理机构履行报告义务或者报送有关文件、资料的；

（九）交易软件、结算软件不符合期货公司审慎经营和风险管理以及国务院期货监督管理机构有关保证金安全存管监控规定的要求的；

（十）不按照规定提取、管理和使用风险准备金的；

（十一）伪造、涂改或者不按照规定保存期货交易、结算、交割资料的；

（十二）任用不具备资格的期货从业人员的；

（十三）伪造、变造、出租、出借、买卖期货业务许可证或者经营许可证的；

（十四）进行混码交易的；

（十五）拒绝或者妨碍国务院期货监督管理机构监督检查的；

（十六）违反国务院期货监督管理机构规定的其他行为。

期货公司有前款所列行为之一的，对直接负责的主管人员和其他直接责任人员给予警告，并处1万元以上5万元以下的罚款；情节严重的，暂停或者撤销期货从业人员资格。

期货公司之外的其他期货经营机构有本条第一款第八项、第十二项、第十三项、第十五项、第十六项所列行为的，依照本条第一款、第二款的规定处罚。

期货公司的股东、实际控制人或者其他关联人未经批准擅自委托他人或者接受他人委托持有或者管理期货公司股权的，拒不配合国务院期货监督管理机构的检查，拒不按照规定履行报告义务、提供有关信息和资料，或者报送、提供的信息和资料有虚假记载、误导性陈述或者重大遗漏的，依照本条第一款、第二款的规定处罚。

第六十七条 期货公司有下列欺诈客户行为之一的，责令改正，给予警告，没收违法所得，并处违法所得1倍以上5倍以下的罚款；没有违法所得或者违法所得不满10万元的，并处10万元以上50万元以下的罚款；情节严重的，责令停业整顿或者吊销期货业务许可证：

（一）向客户作获利保证或者不按照规定向客户出示风险说明书的；

（二）在经纪业务中与客户约定分享利益、共担风险的；

（三）不按照规定接受客户委托或者不按照客户委托内容擅自进行期货交易的；

（四）隐瞒重要事项或者使用其他不正当手段，诱骗客户发出交易指令的；

（五）向客户提供虚假成交回报的；

（六）未将客户交易指令下达到期货交易所的；

（七）挪用客户保证金的；

（八）不按照规定在期货保证金存管银行开立保证金账户，或者违规划转客户保证金的；

（九）国务院期货监督管理机构规定的其他欺诈客户的行为。

期货公司有前款所列行为之一的，对直接负责的主管人员和其他直接责任人员给予警告，并处1万元以上10万元以下的罚款；情节严重的，暂停或者撤销期货从业人员资格。

任何单位或者个人编造并且传播有关期货交易的虚假信息，扰乱期货交易市场的，依照本条第一款、第二款的规定处罚。

第六十八条　期货公司及其他期货经营机构、非期货公司结算会员、期货保证金存管银行提供虚假申请文件或者采取其他欺诈手段隐瞒重要事实骗取期货业务许可的，撤销其期货业务许可，没收违法所得。

第六十九条　期货交易内幕信息的知情人或者非法获取期货交易内幕信息的人，在对期货交易价格有重大影响的信息尚未公开前，利用内幕信息从事期货交易，或者向他人泄露内幕信息，使他人利用内幕信息进行期货交易的，没收违法所得，并处违法所得1倍以上5倍以下的罚款；没有违法所得或者违法所得不满10万元的，处10万元以上50万元以下的罚款。单位从事内幕交易的，还应当对直接负责的主管人员和其他直接责任人员给予警告，并处3万元以上30万元以下的罚款。

国务院期货监督管理机构、期货交易所和期货保证金安全存管监控机构的工作人员进行内幕交易的，从重处罚。

第七十条　任何单位或者个人有下列行为之一，操纵期货交易价格的，责令改正，没收违法所得，并处违法所得1倍以上5倍以下的罚款；没有违法所得或者违法所得不满20万元的，处20万元以上100万元以下的罚款：

（一）单独或者合谋，集中资金优势、持仓优势或者利用信息优势联合或者连续买卖合约，操纵期货交易价格的；

（二）蓄意串通，按事先约定的时间、价格和方式相互进行期货交易，影响期货交易价格或者期货交易量的；

（三）以自己为交易对象，自买自卖，影响期货交易价格或者期货交易量的；

（四）为影响期货市场行情囤积现货的；

（五）国务院期货监督管理机构规定的其他操纵期货交易价格的行为。

单位有前款所列行为之一的，对直接负责的主管人员和其他直接责任人员给予警告，并处1万元以上10万元以下的罚款。

第七十一条　交割仓库有本条例第三十六条第二款所列行为之一的，责令改正，给予警告，没收违法所得，并处违法所得1倍以上5倍以下的罚款；没有违法所得或者违法所得不满10万元的，并处10万元以上50万元以下的罚款；情节严重的，责令期货交易所暂停或者取消其交割仓库资格。对直接负责的主管人员和其他直接责任人员给予警告，并处1万元以上10万元以下的罚款。

第七十二条 国有以及国有控股企业违反本条例和国务院国有资产监督管理机构以及其他有关部门关于企业以国有资产进入期货市场的有关规定进行期货交易，或者单位、个人违规使用信贷资金、财政资金进行期货交易的，给予警告，没收违法所得，并处违法所得1倍以上5倍以下的罚款；没有违法所得或者违法所得不满10万元的，并处10万元以上50万元以下的罚款。对直接负责的主管人员和其他直接责任人员给予降级直至开除的纪律处分。

第七十三条 境内单位或者个人违反规定从事境外期货交易的，责令改正，给予警告，没收违法所得，并处违法所得1倍以上5倍以下的罚款；没有违法所得或者违法所得不满20万元的，并处20万元以上100万元以下的罚款；情节严重的，暂停其境外期货交易。对单位直接负责的主管人员和其他直接责任人员给予警告，并处1万元以上10万元以下的罚款。

第七十四条 非法设立期货交易场所或者以其他形式组织期货交易活动的，由所在地县级以上地方人民政府予以取缔，没收违法所得，并处违法所得1倍以上5倍以下的罚款；没有违法所得或者违法所得不满20万元的，处20万元以上100万元以下的罚款。对单位直接负责的主管人员和其他直接责任人员给予警告，并处1万元以上10万元以下的罚款。

非法设立期货公司及其他期货经营机构，或者擅自从事期货业务的，予以取缔，没收违法所得，并处违法所得1倍以上5倍以下的罚款；没有违法所得或者违法所得不满20万元的，处20万元以上100万元以下的罚款。对单位直接负责的主管人员和其他直接责任人员给予警告，并处1万元以上10万元以下的罚款。

第七十五条 期货公司的交易软件、结算软件供应商拒不配合国务院期货监督管理机构调查，或者未按照规定向国务院期货监督管理机构提供相关软件资料，或者提供的软件资料有虚假、重大遗漏的，责令改正，处3万元以上10万元以下的罚款。对直接负责的主管人员和其他直接责任人员给予警告，并处1万元以上5万元以下的罚款。

第七十六条 会计师事务所、律师事务所、资产评估机构等中介服务机构未勤勉尽责，所出具的文件有虚假记载、误导性陈述或者重大遗漏的，责令改正，没收业务收入，暂停或者撤销相关业务许可，并处业务收入1倍以上5倍以下的罚款。对直接负责的主管人员和其他直接责任人员给予警告，并处3万元以上10万元以下的罚款。

第七十七条 任何单位或者个人违反本条例规定，情节严重的，由国务院期货监督管理机构宣布该个人、该单位或者该单位的直接责任人员为期货市场禁止进入者。

第七十八条 国务院期货监督管理机构、期货交易所、期货保证金安全存管监控机构和期货保证金存管银行等相关单位的工作人员，泄露知悉的国家秘密或者会员、客户商业秘密，或者徇私舞弊、玩忽职守、滥用职权、收受贿赂的，依法给予行政处分或者纪律处分。

第七十九条 违反本条例规定，构成犯罪的，依法追究刑事责任。

第八十条 对本条例规定的违法行为的行政处罚，除本条例已有规定的外，由国务院期货监督管理机构决定；涉及其他有关部门法定职权的，国务院期货监督管理机构应当会同其他有关部门处理；属于其他有关部门法定职权的，国务院期货监督管理机构应当移交其他有关部门处理。

考点回顾｜单选

期货交易所、非期货公司结算会员违反规定接纳会员的，责令改正，给予警告，没收违法所得，同时对直接负责的主管人员和其他直接责任人员给予纪律处分，处（　　）的罚款。

A．5万元以上10万元以下　　　B．1万元以上5万元以下
C．1万元以上10万元以下　　　D．1万元以上3万元以下

【答案】C

第八章　附　则

第八十一条 本条例下列用语的含义：

（一）商品期货合约，是指以农产品、工业品、能源和其他商品及其相关指数产品为标的物的期货合约。

（二）金融期货合约，是指以有价证券、利率、汇率等金融产品及其相关指数产品为标的物的期货合约。

（三）保证金，是指期货交易者按照规定交纳的资金或者提交的价值稳定、流动性强的标准仓单、国债等有价证券，用于结算和保证履约。

（四）结算，是指根据期货交易所公布的结算价格对交易双方的交易结果进行的资金清算和划转。

（五）交割，是指合约到期时，按照期货交易所的规则和程序，交易双方通过该合约所载标的物所有权的转移，或者按照规定结算价格进行现金差价结算，了结到期未平仓合约的过程。

（六）平仓，是指期货交易者买入或者卖出与其所持合约的品种、数量和交割月份相同但交易方向相反的合约，了结期货交易的行为。

（七）持仓量，是指期货交易者所持有的未平仓合约的数量。

（八）持仓限额，是指期货交易所对期货交易者的持仓量规定的最高数额。

（九）标准仓单，是指交割仓库开具并经期货交易所认定的标准化提货凭证。

（十）涨跌停板，是指合约在1个交易日中的交易价格不得高于或者低于规定的涨跌幅度，超出该涨跌幅度的报价将被视为无效，不能成交。

（十一）内幕信息，是指可能对期货交易价格产生重大影响的尚未公开的信息，

包括：国务院期货监督管理机构以及其他相关部门制定的对期货交易价格可能发生重大影响的政策，期货交易所作出的可能对期货交易价格发生重大影响的决定，期货交易所会员、客户的资金和交易动向以及国务院期货监督管理机构认定的对期货交易价格有显著影响的其他重要信息。

（十二）内幕信息的知情人员，是指由于其管理地位、监督地位或者职业地位，或者作为雇员、专业顾问履行职务，能够接触或者获得内幕信息的人员，包括：期货交易所的管理人员以及其他由于任职可获取内幕信息的从业人员，国务院期货监督管理机构和其他有关部门的工作人员以及国务院期货监督管理机构规定的其他人员。

第八十二条 国务院期货监督管理机构可以批准设立期货专门结算机构，专门履行期货交易所的结算以及相关职责，并承担相应法律责任。

第八十三条 境外机构在境内设立、收购或者参股期货经营机构，以及境外期货经营机构在境内设立分支机构（含代表处）的管理办法，由国务院期货监督管理机构会同国务院商务主管部门、外汇管理部门等有关部门制订，报国务院批准后施行。

第八十四条 在期货交易所之外的国务院期货监督管理机构批准的交易场所进行的期货交易，依照本条例的有关规定执行。

第八十五条 不属于期货交易的商品或者金融产品的其他交易活动，由国家有关部门监督管理，不适用本条例。

第八十六条 本条例自2007年4月15日起施行。1999年6月2日国务院发布的《期货交易管理暂行条例》同时废止。

考点回顾 单选

平仓，是指期货交易者买入或者卖出与其所持合约的（　　）的合约，了结期货交易的行为。

A. 品种、数量和交割月份不同且交易方向相反
B. 品种、数量和交割月份相同且交易方向相同
C. 品种、数量和交割月份不同但交易方向相同
D. 品种、数量和交割月份相同但交易方向相反

【答案】D

部门规章与规范性文件

期货投资者保障基金管理办法

(2007年4月19日证监会、财政部公布,根据2016年11月8日中国证券监督管理委员会、财政部《关于修改〈期货投资者保障基金管理暂行办法〉的决定》修订)

第一章 总 则

第一条 为保护期货投资者的合法权益,根据《期货交易管理条例》,制定本办法。

第二条 期货投资者保障基金(以下简称保障基金)是在期货公司严重违法违规或者风险控制不力等导致保证金出现缺口,可能严重危及社会稳定和期货市场安全时,补偿投资者保证金损失的专项基金。

第三条 期货交易活动实行公开、公平、公正和投资者投资决策自主、投资风险自担的原则。

投资者在期货投资活动中因期货市场波动或者投资品种价值本身发生变化所导致的损失,由投资者自行负担。

第四条 保障基金按照取之于市场、用之于市场的原则筹集。保障基金的规模应当与期货市场的发展状况、市场风险水平相适应。

第五条 保障基金由中国证监会集中管理、统筹使用。

第六条 保障基金的管理和运用遵循公开、合理、有效的原则。

第七条 保障基金的使用遵循保障投资者合法权益和公平救助原则,实行比例补偿。

第二章 保障基金的筹集

第八条 保障基金管理机构应当以保障基金名义设立资金专用账户,专户存储保障基金。

第九条 保障基金的启动资金由期货交易所从其积累的风险准备金中按照截至2006年12月31日风险准备金账户总额的百分之十五缴纳形成。

保障基金的后续资金来源包括:

(一)期货交易所按其向期货公司会员收取的交易手续费的一定比例缴纳;

(二)期货公司从其收取的交易手续费中按照代理交易额的一定比例缴纳;

(三)保障基金管理机构追偿或者接受的其他合法财产。

保障基金的后续资金缴纳比例,由中国证监会和财政部确定,并可根据期货市场发展状况、市场风险水平等情况进行调整。

对于因财务状况恶化、风险控制不力等存在较高风险的期货公司，应当按照较高比例缴纳保障基金，各期货公司的具体缴纳比例由中国证监会根据期货公司风险状况确定。期货交易所、期货公司缴纳的保障基金在其营业成本中列支。

第十条 期货交易所、期货公司应当按年度缴纳保障基金。期货交易所应当在每年度结束后 30 个工作日内，缴纳前一年度应当缴纳的保障基金，并按照中国证监会和财政部确定的比例代扣代缴期货公司应当缴纳的保障基金。

第十一条 有下列情形之一的，经中国证监会、财政部批准，期货交易所、期货公司可以暂停缴纳保障基金：

（一）保障基金总额足以覆盖市场风险；

（二）期货交易所、期货公司遭受重大突发市场风险或者不可抗力。

当前款情形消除后，经中国证监会、财政部批准，应当恢复缴纳。

第十二条 对于新设立的期货公司，应当自产生经纪业务收入后纳入保障基金缴纳范围；公司停止经营的，应当告知期货交易所，对其当年应缴纳的保障基金份额进行扣缴。

第十三条 鼓励保障基金来源多元化，保障基金可以接受社会捐赠和其他合法财产。

保障基金产生的利息以及运用所产生的各种收益等孳息归属保障基金。

考点回顾 | 判断

期货投资者保障基金的启动资金由期货公司从其积累的风险准备金中按照截至 2006 年 12 月 31 日风险准备金账户总额的 5％缴纳形成。（　　）

A. 正确　　　　　　　　　B. 错误

【答案】B

第三章　保障基金的管理和监管

第十四条 中国证监会、财政部可以指定相关机构作为保障基金管理机构，代为管理保障基金。

第十五条 对保障基金的管理应当遵循安全、稳健的原则，保证保障基金的安全。

保障基金的资金运用限于银行存款、购买国债、中央银行债券（包括中央银行票据）和中央级金融机构发行的金融债券，以及中国证监会和财政部批准的其他资金运用方式。

第十六条 保障基金应当实行独立核算，分别管理，并与保障基金管理机构管理的其他资产有效隔离。

保障基金管理机构应当定期编报保障基金的筹集、管理、使用报告，经会计师事务所审计后，报送中国证监会和财政部。

第十七条 保障基金管理机构、期货交易所及期货公司，应当妥善保存有关保障基金的财务凭证、账簿和报表等资料，确保财务记录和档案完整、真实。

第十八条 财政部负责保障基金财务监管。保障基金的年度收支计划和决算报财政部批准。

第十九条 中国证监会负责保障基金业务监管，对保障基金的筹集、管理和使用等情况进行定期核查。

中国证监会定期向保障基金管理机构通报期货公司总体风险状况。存在较高风险的期货公司应当每月向保障基金管理机构提供财务监管报表。

考点回顾 | 单选

不属于期货投资者保障基金的资金运用对象的是（　　）。
A. 银行存款
B. 购买基金
C. 中央银行债券（包括中央银行票据）和中央级金融机构发行的金融债券
D. 中国证监会和财政部批准的其他资金运用方式

【答案】B

第四章　保障基金的使用

第二十条 期货公司因严重违法违规或者风险控制不力等导致保证金出现缺口的，中国证监会可以按照本办法规定决定使用保障基金，对不能清偿的投资者保证金损失予以补偿。

第二十一条 对期货投资者的保证金损失，保障基金按照下列原则予以补偿：

（一）对每位个人投资者的保证金损失在10万元以下（含10万元）的部分全额补偿，超过10万元的部分按百分之九十补偿；

（二）对每位机构投资者的保证金损失在10万元以下（含10万元）的部分全额补偿，超过10万元的部分按百分之八十补偿。

现有保障基金不足补偿的，由后续缴纳的保障基金补偿。

第二十二条 使用保障基金前，中国证监会和保障基金管理机构应当监督期货公司核实投资者保证金权益及损失，积极清理资产并变现处置，应当先以自有资金和变现资产弥补保证金缺口。不足弥补或者情况危急的，方能决定使用保障基金。

第二十三条 对投资者因参与非法期货交易而遭受的保证金损失，保障基金不予补偿。

对机构投资者以个人名义参与期货交易的，按照机构投资者补偿规则进行补偿。

第二十四条 动用保障基金对期货投资者的保证金损失进行补偿后，保障基金管理机构依法取得相应的受偿权,可以依法参与期货公司清算。

第二十五条 保障基金管理机构应当及时将保障基金的使用、补偿、追偿等情况报告中国证监会和财政部。

考点回顾 单选

《期货投资者保障基金管理暂行办法》规定,对每位机构投资者的保证金损失在 10 万元以下(含 10 万元)的部分全额补偿,超过 10 万元的部分按( )补偿。

A. 60%　　　　B. 70%　　　　C. 80%　　　　D. 90%

【答案】C

第五章 罚 则

第二十六条 期货公司因严重违法违规或者风险控制不力等导致保证金出现缺口的,中国证监会根据《期货交易管理条例》第六十六条、第六十七条进行处罚,吊销期货业务许可证。涉嫌犯罪的,依法移送司法机关。

第二十七条 期货交易所、期货公司违反本办法规定,延期缴纳或者拒不缴纳保障基金以及不按规定保存、报送有关信息和资料的,中国证监会根据《期货交易管理条例》第六十四条、第六十六条进行处罚。

第二十八条 对挪用、侵占、骗取保障基金的违法行为,依法查处;对有关失职人员,依法追究法律责任;涉嫌犯罪的,依法移送司法机关。

第六章 附 则

第二十九条 本决定自公布之日起 30 日后施行。

期货交易所管理办法

(中国证券监督管理委员会令第42号　2007年4月9日)

《期货交易所管理办法》于2007年3月28日由中国证券监督管理委员会第203次主席办公会议审议通过,现予发布,自2007年4月15日起施行。

第一章　总　则

第一条　为了加强对期货交易所的监督管理,明确期货交易所职责,维护期货市场秩序,促进期货市场积极稳妥发展,根据《期货交易管理条例》,制定本办法。

第二条　本办法适用于在中华人民共和国境内设立的期货交易所。

第三条　本办法所称期货交易所是指依照《期货交易管理条例》和本办法规定设立,不以营利为目的,履行《期货交易管理条例》和本办法规定的职责,按照章程和交易规则实行自律管理的法人。

第四条　经中国证券监督管理委员会(以下简称中国证监会)批准,期货交易所可以采取会员制或者公司制的组织形式。

会员制期货交易所的注册资本划分为均等份额,由会员出资认缴。

公司制期货交易所采用股份有限公司的组织形式。

第五条　中国证监会依法对期货交易所实行集中统一的监督管理。

考点回顾　判断

会员制期货交易所的注册资本划分为均等份额,由会员出资认缴。　　(　　)

A. 正确　　　　　　　　　　　B. 错误

【答案】A

第二章　设立、变更与终止

第六条　设立期货交易所,由中国证监会审批。未经批准,任何单位或者个人不得设立期货交易所或者以任何形式组织期货交易及其相关活动。

第七条　经中国证监会批准设立的期货交易所,应当标明"商品交易所"或者"期货交易所"字样。其他任何单位或者个人不得使用期货交易所或者近似的名称。

第八条　期货交易所除履行《期货交易管理条例》规定的职责外,还应当履行下列职责:

(一)制定并实施期货交易所的交易规则及其实施细则;

（二）发布市场信息；

（三）监管会员及其客户、指定交割仓库、期货保证金存管银行及期货市场其他参与者的期货业务；

（四）查处违规行为。

第九条 申请设立期货交易所，应当向中国证监会提交下列文件和材料：

（一）申请书；

（二）章程和交易规则草案；

（三）期货交易所的经营计划；

（四）拟加入会员或者股东名单；

（五）理事会成员候选人或者董事会和监事会成员名单及简历；

（六）拟任用高级管理人员的名单及简历；

（七）场地、设备、资金证明文件及情况说明；

（八）中国证监会规定的其他文件、材料。

第十条 期货交易所章程应当载明下列事项：

（一）设立目的和职责；

（二）名称、住所和营业场所；

（三）注册资本及其构成；

（四）营业期限；

（五）组织机构的组成、职责、任期和议事规则；

（六）管理人员的产生、任免及其职责；

（七）基本业务制度；

（八）风险准备金管理制度；

（九）财务会计、内部控制制度；

（十）变更、终止的条件、程序及清算办法；

（十一）章程修改程序；

（十二）需要在章程中规定的其他事项。

第十一条 除本办法第十条规定的事项外，会员制期货交易所章程还应当载明下列事项：

（一）会员资格及其管理办法；

（二）会员的权利和义务；

（三）对会员的纪律处分。

第十二条 期货交易所交易规则应当载明下列事项：

（一）期货交易、结算和交割制度；

（二）风险管理制度和交易异常情况的处理程序；

（三）保证金的管理和使用制度；

（四）期货交易信息的发布办法；

（五）违规、违约行为及其处理办法；

（六）交易纠纷的处理方式；

（七）需要在交易规则中载明的其他事项。

公司制期货交易所还应当在交易规则中载明本办法第十一条规定的事项。

第十三条　期货交易所变更名称、注册资本的，应当经中国证监会批准。

第十四条　期货交易所的合并、分立，由中国证监会批准。

期货交易所合并可以采取吸收合并和新设合并两种方式，合并前各方的债权、债务由合并后存续或者新设的期货交易所承继。

期货交易所分立的，其债权、债务由分立后的期货交易所承继。

第十五条　期货交易所联网交易的，应当于决定之日起 10 日内报告中国证监会。

第十六条　未经中国证监会批准，期货交易所不得设立分所或者其他任何期货交易场所。

第十七条　期货交易所因下列情形之一解散：

（一）章程规定的营业期限届满；

（二）会员大会或者股东大会决定解散；

（三）中国证监会决定关闭。

期货交易所因前款第（一）项、第（二）项情形解散的，由中国证监会批准。

第十八条　期货交易所因合并、分立或者解散而终止的，由中国证监会予以公告。

期货交易所终止的，应当成立清算组进行清算。清算组制定的清算方案，应当报中国证监会批准。

★ 考点回顾 ┃ 多选

除《期货交易所管理办法》第十条规定的事项外，会员制期货交易所章程还应当载明下列事项中的（　　）。

A. 会员资格及其管理办法　　　B. 会员的权利和义务

C. 对会员的纪律处分　　　　　D. 以上全不需要

【答案】ABC

第三章　组织机构

第一节　会员制期货交易所

第十九条　会员制期货交易所设会员大会。会员大会是期货交易所的权力机构，由全体会员组成。

第二十条　会员大会行使下列职权：

（一）审定期货交易所章程、交易规则及其修改草案；

（二）选举和更换会员理事；
（三）审议批准理事会和总经理的工作报告；
（四）审议批准期货交易所的财务预算方案、决算报告；
（五）审议期货交易所风险准备金使用情况；
（六）决定增加或者减少期货交易所注册资本；
（七）决定期货交易所的合并、分立、解散和清算事项；
（八）决定期货交易所理事会提交的其他重大事项；
（九）期货交易所章程规定的其他职权。

第二十一条　会员大会由理事会召集，每年召开一次。
有下列情形之一的，应当召开临时会员大会：
（一）会员理事不足期货交易所章程规定人数的 2/3；
（二）1/3 以上会员联名提议；
（三）理事会认为必要。

第二十二条　会员大会由理事长主持。召开会员大会，应当将会议审议的事项于会议召开 10 日前通知会员。临时会员大会不得对通知中未列明的事项作出决议。

第二十三条　会员大会有 2/3 以上会员参加方为有效。会员大会应当对表决事项制作会议纪要，由出席会议的理事签名。
会员大会结束之日起 10 日内，期货交易所应当将大会全部文件报告中国证监会。

第二十四条　期货交易所设理事会，每届任期 3 年。理事会是会员大会的常设机构，对会员大会负责。

第二十五条　理事会行使下列职权：
（一）召集会员大会，并向会员大会报告工作；
（二）拟订期货交易所章程、交易规则及其修改草案，提交会员大会审定；
（三）审议总经理提出的财务预算方案、决算报告，提交会员大会通过；
（四）审议期货交易所合并、分立、解散和清算的方案，提交会员大会通过；
（五）决定专门委员会的设置；
（六）决定会员的接纳和退出；
（七）决定对违规行为的纪律处分；
（八）决定期货交易所变更名称、住所或者营业场所；
（九）审议批准根据章程和交易规则制定的细则和办法；
（十）审议结算担保金的使用情况；
（十一）审议批准风险准备金的使用方案；
（十二）审议批准总经理提出的期货交易所发展规划和年度工作计划；
（十三）审议批准期货交易所对外投资计划；
（十四）监督总经理组织实施会员大会和理事会决议的情况；

（十五）监督期货交易所高级管理人员和其他工作人员遵守国家有关法律、行政法规、规章、政策和期货交易所章程、交易规则及其实施细则的情况；

（十六）组织期货交易所年度财务会计报告的审计工作，决定会计师事务所的聘用和变更事项；

（十七）期货交易所章程规定和会员大会授予的其他职权。

第二十六条　理事会由会员理事和非会员理事组成；其中会员理事由会员大会选举产生，非会员理事由中国证监会委派。

第二十七条　理事会设理事长1人、副理事长1至2人。理事长、副理事长的任免，由中国证监会提名，理事会通过。理事长不得兼任总经理。

第二十八条　理事长行使下列职权：

（一）主持会员大会、理事会会议和理事会日常工作；

（二）组织协调专门委员会的工作；

（三）检查理事会决议的实施情况并向理事会报告。

副理事长协助理事长工作。理事长因故临时不能履行职权的，由理事长指定的副理事长或者理事代其履行职权。

第二十九条　理事会会议至少每半年召开一次。每次会议应当于会议召开10日前通知全体理事。

有下列情形之一的，应当召开理事会临时会议：

（一）1/3以上理事联名提议；

（二）期货交易所章程规定的情形；

（三）中国证监会提议。

理事会召开临时会议，可以另定召集理事会临时会议的通知方式和通知时限。

第三十条　理事会会议须有2/3以上理事出席方为有效，其决议须经全体理事1/2以上表决通过。

理事会会议结束之日起10日内，理事会应当将会议决议及其他会议文件报告中国证监会。

第三十一条　理事会会议应当由理事本人出席。理事因故不能出席的，应当以书面形式委托其他理事代为出席；委托书中应当载明授权范围。每位理事只能接受一位理事的委托。

理事会应当对会议表决事项作成会议记录，由出席会议的理事和记录员在会议记录上签名。

第三十二条　理事会可以根据需要设立监察、交易、结算、交割、会员资格审查、纪律处分、调解、财务和技术等专门委员会。

各专门委员会对理事会负责，其职责、任期和人员组成等事项由理事会规定。

第三十三条　期货交易所设总经理1人，副总经理若干人。总经理、副总经理由中国证监会任免。总经理每届任期3年，连任不得超过两届。

总经理是期货交易所的法定代表人,总经理是当然理事。

第三十四条 总经理行使下列职权:

(一)组织实施会员大会、理事会通过的制度和决议;

(二)主持期货交易所的日常工作;

(三)根据章程和交易规则拟订有关细则和办法;

(四)决定结算担保金的使用;

(五)拟订风险准备金的使用方案;

(六)拟订并实施经批准的期货交易所发展规划、年度工作计划;

(七)拟订并实施经批准的期货交易所对外投资计划;

(八)拟订期货交易所财务预算方案、决算报告;

(九)拟订期货交易所合并、分立、解散和清算的方案;

(十)拟订期货交易所变更名称、住所或者营业场所的方案;

(十一)决定期货交易所机构设置方案,聘任和解聘工作人员;

(十二)决定期货交易所员工的工资和奖惩;

(十三)期货交易所章程规定的或者理事会授予的其他职权。

总经理因故临时不能履行职权的,由总经理指定的副总经理代其履行职权。

第三十五条 期货交易所任免中层管理人员,应当在决定之日起 10 日内向中国证监会报告。

第二节 公司制期货交易所

第三十六条 公司制期货交易所设股东大会。股东大会是期货交易所的权力机构,由全体股东组成。

第三十七条 股东大会行使下列职权:

(一)本办法第二十条第(一)项、第(四)项至第(七)项规定的职权;

(二)选举和更换非由职工代表担任的董事、监事;

(三)审议批准董事会、监事会和总经理的工作报告;

(四)决定期货交易所董事会提交的其他重大事项;

(五)期货交易所章程规定的其他职权。

第三十八条 股东大会会议的召开及议事规则应当符合期货交易所章程的规定。

会议结束之日起 10 日内,期货交易所应当将会议全部文件报告中国证监会。

第三十九条 期货交易所设董事会,每届任期 3 年。

第四十条 董事会对股东大会负责,行使下列职权:

(一)召集股东大会会议,并向股东大会报告工作;

(二)拟订期货交易所章程、交易规则及其修改草案,提交股东大会审定;

(三)审议总经理提出的财务预算方案、决算报告,提交股东大会通过;

(四)审议期货交易所合并、分立、解散和清算的方案,提交股东大会通过;

（五）监督总经理组织实施股东大会和董事会决议的情况；

（六）本办法第二十五条第（五）项至第（十三）项、第（十五）项、第（十六）项规定的职权；

（七）期货交易所章程规定和股东大会授予的其他职权。

第四十一条 期货交易所设董事长1人，副董事长1至2人。董事长、副董事长的任免，由中国证监会提名，董事会通过。董事长不得兼任总经理。

第四十二条 董事长行使下列职权：

（一）主持股东大会、董事会会议和董事会日常工作；

（二）组织协调专门委员会的工作；

（三）检查董事会决议的实施情况并向董事会报告。

副董事长协助董事长工作。董事长因故临时不能履行职权的，由董事长指定的副董事长或者董事代其履行职权。

第四十三条 董事会会议的召开和议事规则应当符合期货交易所章程的规定。

董事会会议结束之日起10日内，董事会应当将会议决议及其他会议文件报告中国证监会。

第四十四条 董事会可以根据需要设立本办法第三十二条规定的专门委员会。各专门委员会对董事会负责，其职责、任期和人员组成等事项由董事会规定。

第四十五条 期货交易所应当设独立董事。独立董事由中国证监会提名，股东大会通过。

第四十六条 期货交易所可以设董事会秘书。董事会秘书由中国证监会提名，董事会通过。

董事会秘书负责期货交易所股东大会和董事会会议的筹备、文件保管以及期货交易所股东资料的管理等事宜。

第四十七条 期货交易所设总经理1人，副总经理若干人。总经理、副总经理由中国证监会任免。总经理每届任期3年，连任不得超过两届。

总经理是期货交易所的法定代表人，总经理应当由董事担任。

第四十八条 总经理行使下列职权：

（一）组织实施股东大会、董事会通过的制度和决议；

（二）本办法第三十四条第（二）项至第（十二）项规定的职权；

（三）期货交易所章程规定或者董事会授予的其他职权。

总经理因故临时不能履行职权的，由总经理指定的、副总经理代其履行职权。

第四十九条 期货交易所设监事会，每届任期3年。监事会成员不得少于3人。监事会设主席1人，副主席1至2人。监事会主席、副主席的任免，由中国证监会提名，监事会通过。

第五十条 监事会行使下列职权：

（一）检查期货交易所财务；

（二）监督期货交易所董事、高级管理人员执行职务行为；

（三）向股东大会会议提出提案；

（四）期货交易所章程规定的其他职权。

第五十一条 监事会会议的召开和议事规则应当符合期货交易所章程的规定。

监事会会议结束之日起 10 日内，监事会应当将会议决议及其他会议文件报告中国证监会。

第五十二条 本办法第三十五条的规定适用于公司制期货交易所。

考点回顾 | 多选

公司制期货交易所的董事长可行使的职权包括（ ）。

A. 主持股东大会、董事会会议和董事会日常工作

B. 组织协调专门委员会的工作

C. 检查董事会决议的实施情况并向董事会报告

D. 聘任总经理

【答案】ABC

第四章　会员管理

第五十三条 期货交易所会员应当是在中华人民共和国境内登记注册的企业法人或者其他经济组织。

第五十四条 取得期货交易所会员资格，应当经期货交易所批准。

期货交易所批准、取消会员的会员资格，应当向中国证监会报告。

第五十五条 期货交易所应当制定会员管理办法，规定会员资格的取得与终止的条件和程序、对会员的监督管理等内容。

第五十六条 会员制期货交易所会员享有下列权利：

（一）参加会员大会，行使选举权、被选举权和表决权；

（二）在期货交易所从事规定的交易、结算和交割等业务；

（三）使用期货交易所提供的交易设施，获得有关期货交易的信息和服务；

（四）按规定转让会员资格；

（五）联名提议召开临时会员大会；

（六）按照期货交易所章程和交易规则行使申诉权；

（七）期货交易所章程规定的其他权利。

第五十七条 会员制期货交易所会员应当履行下列义务：

（一）遵守国家有关法律、行政法规、规章和政策；

（二）遵守期货交易所的章程、交易规则及其实施细则及有关决定；

（三）按规定缴纳各种费用；

（四）执行会员大会、理事会的决议；

（五）接受期货交易所监督管理。

第五十八条 公司制期货交易所会员享有下列权利：

（一）本办法第五十六条第（二）项和第（三）项规定的权利；

（二）按照交易规则行使申诉权；

（三）期货交易所交易规则规定的其他权利。

第五十九条 公司制期货交易所会员应当履行本办法第五十七条第（一）项至第（三）项、第（五）项规定的义务。

第六十条 期货交易所每年应当对会员遵守期货交易所交易规则及其实施细则的情况进行抽样或者全面检查，并将检查结果报告中国证监会。

期货交易所行使监管职权时，可以按照期货交易所章程和交易规则及其实施细则规定的权限和程序对会员进行调查取证，会员应当配合。

第六十一条 经中国证监会批准，期货交易所可以实行全员结算制度或者会员分级结算制度。

第六十二条 实行全员结算制度的期货交易所会员均具有与期货交易所进行结算的资格。

第六十三条 实行全员结算制度的期货交易所会员由期货公司会员和非期货公司会员组成。期货公司会员按照中国证监会批准的业务范围开展相关业务；非期货公司会员不得从事《期货交易管理条例》规定的期货公司业务。

第六十四条 实行全员结算制度的期货交易所对会员结算，会员对其受托的客户结算。

第六十五条 实行会员分级结算制度的期货交易所会员由结算会员和非结算会员组成。结算会员具有与期货交易所进行结算的资格，非结算会员不具有与期货交易所进行结算的资格。

期货交易所对结算会员结算，结算会员对非结算会员结算，非结算会员对其受托的客户结算。

第六十六条 结算会员由交易结算会员、全面结算会员和特别结算会员组成。

全面结算会员、特别结算会员可以为与其签订结算协议的非结算会员办理结算业务。交易结算会员不得为非结算会员办理结算业务。

第六十七条 申请成为结算会员的，应当取得中国证监会批准的结算业务资格。

第六十八条 实行会员分级结算制度的期货交易所可以根据结算会员资信和业务开展情况，限制结算会员的结算业务范围，但应当于3日内报告中国证监会。

考点回顾 | 单选

取得期货交易所会员资格，应当经（　　）批准。

A. 期货公司　　　　　　　B. 中国证监会
C. 期货交易所　　　　　　D. 期货业协会

【答案】C

第五章 基本业务规则

第六十九条 期货交易所向会员收取的保证金，只能用于担保期货合约的履行，不得查封、冻结、扣划或者强制执行。期货交易所应当在期货保证金存管银行开立专用结算账户，专户存储保证金，不得挪用。

保证金分为结算准备金和交易保证金。结算准备金是指未被合约占用的保证金；交易保证金是指已被合约占用的保证金。

实行会员分级结算制度的期货交易所只向结算会员收取保证金。

第七十条 期货交易所应当建立保证金管理制度。保证金管理制度应当包括下列内容：

（一）向会员收取保证金的标准和形式；

（二）专用结算账户中会员结算准备金最低余额；

（三）当会员结算准备金余额低于期货交易所规定最低余额时的处置方法。

会员结算准备金最低余额由会员以自有资金向期货交易所缴纳。

第七十一条 期货交易所可以接受以下有价证券充抵保证金：

（一）经期货交易所认定的标准仓单；

（二）可流通的国债；

（三）中国证监会认定的其他有价证券。

以前款规定的有价证券充抵保证金的，充抵的期限不得超过该有价证券的有效期限。

第七十二条 标准仓单充抵保证金的，期货交易所以充抵日前一交易日该标准仓单对应品种最近交割月份期货合约的结算价为基准计算价值。

国债充抵保证金的，期货交易所以充抵日前一交易日该国债在上海证券交易所、深圳证券交易所较低的收盘价为基准计算价值。

期货交易所可以根据市场情况对用于充抵保证金的有价证券的基准计算价值进行调整。

第七十三条 有价证券充抵保证金的金额不得高于以下标准中的较低值：

（一）有价证券基准计算价值的80%；

（二）会员在期货交易所专用结算账户中的实有货币资金的4倍。

第七十四条 期货交易的相关亏损、费用、货款和税金等款项，应当以货币资金支付，不得以有价证券充抵的金额支付。

第七十五条 客户以有价证券充抵保证金的，会员应当将收到的有价证券提交期货交易所。

非结算会员的客户以有价证券充抵保证金的，非结算会员应将收到的有价证券提交结算会员，由结算会员提交期货交易所。

第七十六条 客户以有价证券充抵保证金的，期货交易所应当将用于充抵的有价证券的种类和数量如实反映在该客户的交易编码下。

第七十七条 实行会员分级结算制度的期货交易所应当建立结算担保金制度。结算担保金包括基础结算担保金和变动结算担保金。

结算担保金由结算会员以自有资金向期货交易所缴纳。结算担保金属于结算会员所有，用于应对结算会员违约风险。期货交易所应当按照有关规定管理和使用，不得挪作他用。

期货交易所调整基础结算担保金标准的，应当在调整前报告中国证监会。

第七十八条 期货交易所应当按照手续费收入的20%的比例提取风险准备金，风险准备金应当单独核算，专户存储。

中国证监会可以根据期货交易所业务规模、发展计划以及潜在的风险决定风险准备金的规模。

第七十九条 期货交易实行客户交易编码制度。会员和客户应当遵守一户一码制度，不得混码交易。

第八十条 期货交易实行限仓制度和套期保值审批制度。

第八十一条 期货交易实行大户持仓报告制度。会员或者客户持仓达到期货交易所规定的持仓报告标准的，会员或者客户应当向期货交易所报告。客户未报告的，会员应当向期货交易所报告。

期货交易所可以根据市场风险状况制定并调整持仓报告标准。

第八十二条 期货交易实行当日无负债结算制度。

第八十三条 实行全员结算制度的期货交易所对会员进行风险管理，会员对其受托的客户进行风险管理。

实行会员分级结算制度的期货交易所对结算会员进行风险管理，结算会员对与其签订结算协议的非结算会员进行风险管理，会员对其受托的客户进行风险管理。

第八十四条 会员在期货交易中违约的，应当承担违约责任。

期货交易所先以违约会员的保证金承担该会员的违约责任，保证金不足的，实行全员结算制度的期货交易所应当以违约会员的自有资金、期货交易所风险准备金和期货交易所自有资金承担；实行会员分级结算制度的期货交易所应当以违约会员的自有资金、结算担保金、期货交易所风险准备金和期货交易所自有资金承担。

期货交易所以结算担保金、期货交易所风险准备金和期货交易所自有资金代为承担责任后，由此取得对违约会员的相应追偿权。

第八十五条 有根据认为会员或者客户违反期货交易所交易规则及其实施细则并且对市场正在产生或者即将产生重大影响，为防止违规行为后果进一步扩大，期货交易所可以对该会员或者客户采取下列临时处置措施：

（一）限制入金；

（二）限制出金；

（三）限制开仓；

（四）提高保证金标准；

（五）限期平仓；

（六）强行平仓。

期货交易所按交易规则及其实施细则规定的程序采取前款第（四）项、第（五）项或者第（六）项措施的，应当在采取措施后及时报告中国证监会。

期货交易所对会员或者客户采取临时处置措施，应当按照期货交易所交易规则及其实施细则规定的方式通知会员或者客户，并列明采取临时处置措施的根据。

第八十六条 期货价格出现同方向连续涨跌停板的，期货交易所可以采用调整涨跌停板幅度、提高交易保证金标准及按一定原则减仓等措施化解风险。

第八十七条 期货交易所实行风险警示制度。期货交易所认为必要的，可以分别或同时采取要求会员和客户报告情况、谈话提醒、发布风险提示函等措施，以警示和化解风险。

第八十八条 在期货交易过程中出现以下情形之一的，期货交易所可以宣布进入异常情况，采取紧急措施化解风险：

（一）地震、水灾、火灾等不可抗力或者计算机系统故障等不可归责于期货交易所的原因导致交易无法正常进行；

（二）会员出现结算、交割危机，对市场正在产生或者即将产生重大影响；

（三）出现本办法第八十六条规定的情形经采取相应措施后仍未化解风险；

（四）期货交易所交易规则及其实施细则中规定的其他情形。

期货交易所宣布进入异常情况并决定采取紧急措施前应当报告中国证监会。

第八十九条 期货交易所宣布进入异常情况并决定暂停交易的，暂停交易的期限不得超过3个交易日，但经中国证监会批准延长的除外。

第九十条 期货交易所应当以适当方式发布下列信息：

（一）即时行情；

（二）持仓量、成交量排名情况；

（三）期货交易所交易规则及其实施细则规定的其他信息。

期货交易涉及商品实物交割的，期货交易所还应当发布标准仓单数量和可用库容情况。

第九十一条 期货交易所应当编制交易情况周报表、月报表和年报表，并及时公布。

第九十二条 期货交易所对期货交易、结算、交割资料的保存期限应当不少于20年。

考点回顾 | 多选

有根据认为会员或者客户违反期货交易所交易规则及其实施细则并且对市场正在产生或者即将产生重大影响，为防止违规行为后果进一步扩大，期货交易所可以对该会员或者客户采取下列临时处置措施中的（　　）。

A. 限制入金　　　　　　　　B. 限制出金
C. 限制开仓　　　　　　　　D. 提高保证金标准

【答案】ABCD

第六章　监督管理

第九十三条　期货交易所制定或者修改章程、交易规则，上市、中止、取消或者恢复交易品种，上市、修改或者终止合约，应当经中国证监会批准。

第九十四条　期货交易所应当对违反期货交易所交易规则及其实施细则的行为制定查处办法，并报中国证监会批准。

期货交易所对会员及其客户、指定交割仓库、期货保证金存管银行及期货市场其他参与者与期货业务有关的违规行为，应当在前款所称办法规定的职责范围内及时予以查处；超出前款所称办法规定的职责范围的，应当向中国证监会报告。

第九十五条　期货交易所制定或者修改交易规则的实施细则，应当征求中国证监会的意见，并在正式发布实施前，报告中国证监会。

第九十六条　期货交易所的交易结算系统和交易结算业务应当满足期货保证金安全存管监控的要求，真实、准确和完整地反映会员保证金的变动情况。

第九十七条　期货交易所应当按照中国证监会有关期货保证金安全存管监控的规定，向期货保证金安全存管监控机构报送相关信息。

第九十八条　公司制期货交易所收购本期货交易所股份、股东转让所持股份或者对其股份进行其他处置，应当经中国证监会批准。

第九十九条　期货交易所的高级管理人员应当具备中国证监会要求的条件。未经中国证监会批准，期货交易所的理事长、副理事长、董事长、副董事长、监事会主席、监事会副主席、总经理、副总经理、董事会秘书不得在任何营利性组织中兼职。

未经批准，期货交易所的其他工作人员和非会员理事不得以任何形式在期货交易所会员单位及其他与期货交易有关的营利性组织兼职。

第一百条　期货交易所工作人员应当自觉遵守有关法律、行政法规、规章和政策，恪尽职守，勤勉尽责，诚实信用，具有良好的职业操守。

期货交易所工作人员不得从事期货交易，不得泄露内幕消息或者利用内幕消息获得非法利益，不得从期货交易所会员、客户处谋取利益。

期货交易所的工作人员履行职务，遇有与本人或者其亲属有利害关系的情形时，应当回避。

期货法律法规

第一百零一条 期货交易所的所得收益按照国家有关规定管理和使用，但应当首先用于保证期货交易场所、设施的运行和改善。

第一百零二条 期货交易所应当向中国证监会履行下列报告义务：

（一）每一年度结束后4个月内提交经具有证券、期货相关业务资格的会计师事务所审计的年度财务报告；

（二）每一季度结束后15日内、每一年度结束后30日内提交有关经营情况和有关法律、行政法规、规章、政策执行情况的季度和年度工作报告；

（三）中国证监会规定的其他事项。

第一百零三条 发生下列重大事项，期货交易所应当及时向中国证监会报告：

（一）发现期货交易所工作人员存在或者可能存在严重违反国家有关法律、行政法规、规章、政策的行为；

（二）期货交易所涉及占其净资产10%以上或者对其经营风险有较大影响的诉讼；

（三）期货交易所的重大财务支出、投资事项以及可能带来较大财务或者经营风险的重大财务决策；

（四）中国证监会规定的其他事项。

第一百零四条 中国证监会可以根据市场情况调整期货交易所收取的保证金标准，暂停、恢复或者取消某一期货交易品种的交易。

第一百零五条 中国证监会认为期货市场出现异常情况的，可以决定采取延迟开市、暂停交易、提前闭市等必要的风险处置措施。

第一百零六条 中国证监会认为有必要的，可以对期货交易所高级管理人员实施提示。

第一百零七条 中国证监会派出机构对期货交易所会员进行风险处置，采取监管措施的，经中国证监会批准，期货交易所应当在限制会员资金划转、限制会员开仓、移仓和强行平仓等方面予以配合。

第一百零八条 中国证监会可以向期货交易所派驻督察员。督察员依照中国证监会的有关规定履行职责。

督察员履行职责，期货交易所应当予以配合。

第一百零九条 期货交易所应当按照国家有关规定及时缴纳期货市场监管费。

考点回顾 | 多选

中国证监会派出机构对期货交易所会员进行风险处置，采取监管措施的，经中国证监会批准，期货交易所应当在（　　）等方面予以配合。

A. 限制会员资金划转　　　　B. 限制会员开仓
C. 移仓　　　　　　　　　　D. 强行平仓

【答案】ABCD

第七章 法律责任

第一百一十条 期货交易所未按照本办法第十五条、第三十五条、第五十二条、第六十八条、第八十八条、第九十五条、第一百零二条和第一百零三条的规定履行报告义务，或者未按照本办法第二十三条、第三十条、第三十八条、第四十三条、第五十一条和第九十七条的规定报送有关文件、资料和信息的，根据《期货交易管理条例》第六十八条处罚。

第一百一十一条 期货交易所有下列行为之一的，根据《期货交易管理条例》第六十九条处罚：

（一）未经批准变更名称或者注册资本；
（二）未经批准设立分所或者其他任何交易场所；
（三）违反有价证券充抵保证金规定；
（四）不按照规定对会员进行检查；
（五）未建立或者未执行客户交易编码制度、保证金管理制度；
（六）交易结算系统和交易结算业务不符合本办法第九十六条的规定。

第一百一十二条 期货交易所工作人员违反本办法第一百条规定的，根据《期货交易管理条例》第八十二条处罚。

第八章 附 则

第一百一十三条 在中国证监会批准的其他交易场所进行期货交易的，依照本办法的有关规定执行。

第一百一十四条 本办法自 2007 年 4 月 15 日起施行。2002 年 5 月 17 日发布的《期货交易所管理办法》（中国证券监督管理委员会令第 6 号）同时废止。

期货公司监督管理办法

(中国证券监督管理委员会令第 110 号　2014 年 10 月 29 日)

《期货公司监督管理办法》于 2014 年 8 月 21 日第 56 次主席办公会审议通过，现予公布，自公布之日起施行。

第一章　总　则

第一条　为了规范期货公司经营活动，加强对期货公司监督管理，保护客户合法权益，促进期货市场建设，根据《公司法》和《期货交易管理条例》等法律、行政法规，制定本办法。

第二条　在中华人民共和国境内设立的期货公司，适用本办法。

第三条　期货公司应当遵守法律、行政法规和中国证券监督管理委员会（以下简称中国证监会）的规定，审慎经营，防范利益冲突，履行对客户的诚信义务。

第四条　期货公司的股东、实际控制人和其他关联人不得滥用权利，不得占用期货公司资产或者挪用客户资产，不得损害期货公司、客户的合法权益。

第五条　中国证监会及其派出机构依法对期货公司及其分支机构实行监督管理。

中国期货业协会、期货交易所按照自律规则对期货公司实行自律管理。

期货保证金安全存管监控机构依法对客户保证金安全实施监控。

第二章　设立、变更与业务终止

第六条　申请设立期货公司，除应当符合《期货交易管理条例》第十六条规定的条件外，还应当具备下列条件：

（一）具有期货从业人员资格的人员不少于 15 人；

（二）具备任职资格的高级管理人员不少于 3 人。

第七条　持有 5% 以上股权的股东为法人或者其他组织的，应当具备下列条件：

（一）实收资本和净资产均不低于人民币 3 000 万元；

（二）净资产不低于实收资本的 50%，或有负债低于净资产的 50%，不存在对财务状况产生重大不确定影响的其他风险；

（三）没有较大数额的到期未清偿债务；

（四）近 3 年未因重大违法违规行为受到行政处罚或者刑事处罚；

（五）未因涉嫌重大违法违规正在被有权机关立案调查或者采取强制措施；

（六）近 3 年作为公司（含金融机构）的股东或者实际控制人，未有滥用股东权利、逃避股东义务等不诚信行为；

（七）不存在中国证监会根据审慎监管原则认定的其他不适合持有期货公司股权的情形。

第八条 持有期货公司5%以上股权的个人股东应当符合本办法第七条第（三）项至第（七）项规定的条件，且其个人金融资产不低于人民币3 000万元。

第九条 持有期货公司5%以上股权的境外股东，除应当符合本办法第七条规定的条件外，还应当具备下列条件：

（一）依其所在国家或者地区法律设立、合法存续的金融机构；

（二）近3年各项财务指标及监管指标符合所在国家或者地区法律的规定和监管机构的要求；

（三）所在国家或者地区具有完善的期货法律和监督管理制度，其期货监管机构已与中国证监会签订监管合作备忘录，并保持有效的监管合作关系；

（四）期货公司外资持股比例或者拥有的权益比例，累计（包括直接持有和间接持有）不得超过我国期货业对外或者对我国香港特别行政区、澳门特别行政区和台湾地区开放所作的承诺。

境外股东应当以可自由兑换货币或者合法取得的人民币出资。

第十条 期货公司有关联关系的股东持股比例合计达到5%的，持股比例最高的股东应当符合本办法第七条至第九条规定的条件。

第十一条 申请设立期货公司，应当向中国证监会提交下列申请材料：

（一）申请书；

（二）公司章程草案；

（三）经营计划；

（四）发起人名单及其审计报告或者个人金融资产证明；

（五）拟任用高级管理人员和从业人员名单、简历和相关资格证明；

（六）拟订的期货业务制度、内部控制制度和风险管理制度文本；

（七）场地、设备、资金证明文件；

（八）律师事务所出具的法律意见书；

（九）中国证监会规定的其他申请材料。

第十二条 外资持有股权的期货公司，应当按照法律、行政法规的规定，向国务院商务主管部门申请办理外商投资企业批准证书，并向外汇管理部门申请办理外汇登记、资本金账户开立以及有关资金结购汇手续。

第十三条 按照本办法设立的期货公司，可以依法从事商品期货经纪业务；从事金融期货经纪、境外期货经纪、期货投资咨询的，应当取得相应业务资格。从事资产管理业务的，应当依法登记备案。

期货公司经批准可以从事中国证监会规定的其他业务。

第十四条 期货公司申请金融期货经纪业务资格，应当具备下列条件：

（一）申请日前2个月的风险监管指标持续符合规定的标准；

（二）具有健全的公司治理、风险管理制度和内部控制制度，并有效执行；

（三）符合中国证监会期货保证金安全存管监控的规定；

（四）业务设施和技术系统符合相关技术规范且运行状况良好；

（五）高级管理人员近2年内未受过刑事处罚，未因违法违规经营受到行政处罚，无不良信用记录，且不存在因涉嫌违法违规经营正在被有权机关调查的情形；

（六）不存在被中国证监会及其派出机构采取《期货交易管理条例》第五十六条第二款、第五十七条规定的监管措施的情形；

（七）不存在因涉嫌违法违规正在被有权机关立案调查的情形；

（八）近2年内未因违法违规行为受过刑事处罚或者行政处罚。但期货公司控股股东或者实际控制人变更，高级管理人员变更比例超过50%，对出现上述情形负有责任的高级管理人员和业务负责人已不在公司任职，且已整改完成并经期货公司住所地中国证监会派出机构验收合格的，可不受此限制；

（九）控股股东净资产或者个人金融资产不低于人民币3 000万元；

（十）中国证监会根据审慎监管原则规定的其他条件。

第十五条 期货公司申请金融期货经纪业务资格，应当向中国证监会提交下列申请材料：

（一）申请书；

（二）加盖公司公章的营业执照和业务许可证复印件；

（三）股东会或者董事会决议文件；

（四）申请日前2个月风险监管报表；

（五）公司治理、风险管理制度和内部控制制度执行情况报告；

（六）业务设施和技术系统运行情况报告；

（七）控股股东经具有证券、期货相关业务资格的会计师事务所审计的最近一期财务报告或者个人金融资产证明；

（八）律师事务所出具的法律意见书；

（九）若存在本办法第十四条第（八）项规定的情形的，还应提供期货公司住所地中国证监会派出机构出具的整改验收合格意见书；

（十）中国证监会规定的其他申请材料。

第十六条 期货公司申请境外期货经纪、期货投资咨询以及经批准的其他业务的条件，由中国证监会另行规定。

第十七条 期货公司变更股权有下列情形之一的，应当经中国证监会批准：

（一）变更控股股东、第一大股东；

（二）单个股东或者有关联关系的股东持股比例增加到100%；

（三）单个股东的持股比例或者有关联关系的股东合计持股比例增加到5%以上，且涉及境外股东的。

除前款规定情形外，期货公司单个股东的持股比例或者有关联关系的股东合计持股比例增加到5%以上，应当经期货公司住所地中国证监会派出机构批准。

第十八条 期货公司变更股权有本办法第十七条所列情形的，应当具备下列条件：

（一）拟变更的股权不存在被查封、冻结等情形；

（二）期货公司与股东之间不存在交叉持股的情形，期货公司不存在为股权受让方提供任何形式财务支持的情形；

（三）涉及的股东符合本办法第七条至第十条规定的条件。

第十九条 期货公司变更股权，有本办法第十七条所列情形的，应当提交下列相关申请材料：

（一）申请书；

（二）关于变更股权的决议文件；

（三）股权转让或者变更出资合同，以及有限责任公司其他股东放弃优先购买权的承诺书；

（四）所涉及股东的基本情况报告、变更后期货公司股东股权背景情况图以及期货公司关于变更后股东是否存在关联关系、期货公司是否为股权受让方提供任何形式财务支持的情况说明；

（五）所涉及股东的股东会、董事会或者其他决策机构做出的相关决议；

（六）所涉及股东的审计报告或者个人金融资产证明；

（七）律师事务所出具的法律意见书；

（八）中国证监会规定的其他材料。

期货公司单个境外股东的持股比例或者有关联关系的境外股东合计持股比例增加到5%以上的，还应当提交下列申请材料：

（一）境外股东的章程、营业执照或者注册证书和相关业务资格证书复印件；

（二）境外股东所在国家或者地区的相关监管机构或者中国证监会认可的境外机构出具的关于其符合本办法第七条第（四）项、第（五）项与第九条第一款第（二）项规定条件的说明函。

期货公司发生本办法第十七条规定情形以外的股权变更，应当自完成工商变更登记手续之日起5个工作日内向公司住所地中国证监会派出机构报备下列书面材料：

（一）变更持有5%以下股权股东情况报告；

（二）股权受让方相关背景材料；

（三）股权背景情况图；

（四）股权变更相关文件；

（五）公司章程、准予变更登记文件、营业执照复印件；

（六）中国证监会规定的其他材料。

第二十条　期货公司变更法定代表人，拟任法定代表人应当具备任职资格。期货公司应当向住所地中国证监会派出机构提交下列申请材料：

（一）申请书；

（二）关于变更法定代表人的决议文件；

（三）拟任法定代表人任职资格证明；

（四）中国证监会规定的其他材料。

第二十一条　期货公司变更住所，应当妥善处理客户资产，拟迁入的住所和拟使用的设施应当符合业务需要。期货公司在中国证监会不同派出机构辖区变更住所的，还应当符合下列条件：

（一）符合持续性经营规则；

（二）近 2 年未因重大违法违规行为受到行政处罚或者刑事处罚；

（三）中国证监会根据审慎监管原则规定的其他条件。

第二十二条　期货公司变更住所，应当向拟迁入地中国证监会派出机构提交下列申请材料：

（一）申请书；

（二）拟变更后的住所所有权或者使用权证明和相关消防合格证明材料；

（三）客户资产处理情况报告；

（四）中国证监会规定的其他材料。

第二十三条　期货公司可以设立营业部、分公司等分支机构。

期货公司申请设立分支机构，应当具备下列条件：

（一）公司治理健全，内部控制制度符合有关规定并有效执行；

（二）申请日前 3 个月符合风险监管指标标准；

（三）符合有关客户资产保护和期货保证金安全存管监控的规定；

（四）未因涉嫌违法违规经营正在被有权机关调查，近 1 年内未因违法违规经营受到行政处罚或者刑事处罚；

（五）具有符合业务发展需要的分支机构设立方案；

（六）中国证监会根据审慎监管原则规定的其他条件。

第二十四条　期货公司申请设立分支机构，应当向公司所在地中国证监会派出机构提交下列申请材料：

（一）申请书；

（二）拟设立分支机构的决议文件；

（三）公司治理和内部控制制度运行情况报告；

（四）申请日前 3 个月风险监管报表；

（五）分支机构设立方案；

（六）中国证监会规定的其他材料。

期货公司在提交申请材料时，应当将申请材料同时抄报拟设立分支机构所在地的中国证监会派出机构。

第二十五条 期货公司变更分支机构营业场所的，应当妥善处理客户资产，拟迁入的营业场所和拟使用的设施应当满足业务需要。

本办法所称期货公司变更分支机构营业场所仅限于在中国证监会同一派出机构辖区内变更营业场所。

第二十六条 期货公司终止分支机构的，应当先行妥善处理该分支机构客户资产，结清分支机构业务并终止经营活动。

期货公司应当向分支机构住所地中国证监会派出机构提交下列申请材料：

（一）申请书；

（二）拟终止分支机构的决议文件；

（三）关于处理客户资产、结清分支机构业务并终止经营活动的情况报告；

（四）中国证监会规定的其他材料。

第二十七条 期货公司申请设立、收购或者参股境外期货类经营机构，应当具备下列条件：

（一）申请日前6个月符合风险监管指标标准；

（二）近2年内未因重大违法违规行为受到行政处罚或者刑事处罚；

（三）具有完备的境外机构管理制度，能够有效隔离风险；

（四）拟设立、收购或者参股机构所在国家或者地区的期货监管机构已与中国证监会签署监管合作备忘录；

（五）中国证监会根据审慎监管原则规定的其他条件。

第二十八条 期货公司申请设立、收购或者参股境外期货类经营机构，应当向中国证监会提交下列申请材料：

（一）申请书；

（二）拟设立、收购或者参股境外期货类经营机构的决议文件；

（三）申请日前6个月风险监管报表；

（四）境外机构管理制度文本；

（五）经具有证券、期货相关业务资格的会计师事务所审计的前一年度财务报告；申请日在下半年的，还应当提供经审计的半年度财务报告；

（六）律师事务所出具的法律意见书；

（七）中国证监会规定的其他材料。

第二十九条 期货公司申请设立、收购或者参股境外期货类经营机构，应当按照外汇管理部门相关规定，办理外汇登记、有关资金划转以及结购汇手续。

第三十条 期货公司因遭遇不可抗力等正当事由申请停业的，应当妥善处理客户资产，清退或转移客户。

期货公司恢复营业的，应当符合期货公司持续性经营规则。停业期限届满后，期货公司未能恢复营业或者不符合持续性经营规则的，中国证监会可以根据《期货交易管理条例》第二十一条第一款的规定注销其期货业务许可证。

第三十一条 期货公司停业的，应当向中国证监会提交下列申请材料：

（一）申请书；

（二）停业决议文件；

（三）关于处理客户资产、处置或者清退客户情况的报告；

（四）中国证监会规定的其他材料。

第三十二条 期货公司被撤销所有期货业务许可的，应当妥善处理客户资产，结清期货业务；公司继续存续的，应当依法办理名称、营业范围和公司章程等工商变更登记，存续公司不得继续以期货公司名义从事业务，其名称中不得有"期货"或者近似字样。

期货公司解散、破产的，应先行妥善处理客户资产，结清业务。

第三十三条 期货公司设立、变更、停业、解散、破产、被撤销期货业务许可或者其分支机构设立、变更、终止的，期货公司应当在中国证监会指定的媒体上公告。

第三十四条 期货公司及其分支机构的许可证由中国证监会统一印制。许可证正本或者副本遗失或者灭失的，期货公司应当在 30 个工作日内在中国证监会指定的媒体上声明作废，并持登载声明向中国证监会重新申领。

考点回顾｜单选

期货公司申请停业，停业期限届满后仍未能恢复营业的，中国证监会可以（　　）。

A. 注销期货公司期货业务许可证　　B. 强制转让期货公司股权
C. 吊销期货公司营业执照　　　　　D. 变更期货公司业务范围

【答案】A

第三章　公司治理

第三十五条 期货公司应当按照明晰职责、强化制衡、加强风险管理的原则，建立并完善公司治理。

第三十六条 期货公司与其控股股东、实际控制人在业务、人员、资产、财务等方面应当严格分开，独立经营，独立核算。

未依法经期货公司股东会或者董事会决议，期货公司控股股东、实际控制人不得任免期货公司的董事、监事、高级管理人员，或者非法干预期货公司经营管理活动。

期货公司向股东、实际控制人及其关联人提供服务的，不得降低风险管理要求。

第三十七条 持有期货公司 5% 以上股权的股东或者实际控制人出现下列情形之一的，应当在 3 个工作日内通知期货公司：

（一）所持有的期货公司股权被冻结、查封或者被强制执行；

（二）质押所持有的期货公司股权；

（三）决定转让所持有的期货公司股权；

（四）不能正常行使股东权利或者承担股东义务，可能造成期货公司治理的重大缺陷；

（五）涉嫌重大违法违规被有权机关调查或者采取强制措施；

（六）因重大违法违规行为受到行政处罚或者刑事处罚；

（七）变更名称；

（八）合并、分立或者进行重大资产、债务重组；

（九）被采取停业整顿、撤销、接管、托管等监管措施，或者进入解散、破产、关闭程序；

（十）其他可能影响期货公司股权变更或者持续经营的情形。

持有期货公司5%以上股权的股东发生前款规定情形的，期货公司应当自收到通知之日起3个工作日内向期货公司住所地中国证监会派出机构报告。

期货公司实际控制人发生第一款第（五）项至第（九）项所列情形的，期货公司应当自收到通知之日起3个工作日内向住所地中国证监会派出机构报告。

第三十八条 期货公司有下列情形之一的，应当立即书面通知全体股东或进行公告，并向住所地中国证监会派出机构报告：

（一）公司或者其董事、监事、高级管理人员因涉嫌违法违规被有权机关立案调查或者采取强制措施；

（二）公司或者其董事、监事、高级管理人员因违法违规行为受到行政处罚或者刑事处罚；

（三）风险监管指标不符合规定标准；

（四）客户发生重大透支、穿仓，可能影响期货公司持续经营；

（五）发生突发事件，对期货公司或者客户利益产生或者可能产生重大不利影响；

（六）其他可能影响期货公司持续经营的情形。

中国证监会及其派出机构对期货公司及其分支机构采取《期货交易管理条例》第五十六条第二款、第四款或者第五十七条规定的监管措施或者作出行政处罚，期货公司应当书面通知全体股东或进行公告。

第三十九条 期货公司股东会应当按照《公司法》和公司章程，对职权范围内的事项进行审议和表决。股东会每年应当至少召开一次会议。期货公司股东应当按照出资比例或者所持股份比例行使表决权。

第四十条 期货公司应当设立董事会，并按照《公司法》的规定设立监事会或监事，切实保障监事会和监事对公司经营情况的知情权。

期货公司可以设立独立董事，期货公司的独立董事不得在期货公司担任董事会以外的职务，不得与本期货公司存在可能妨碍其作出独立、客观判断的关系。

第四十一条　期货公司应当设首席风险官，对期货公司经营管理行为的合法合规性、风险管理进行监督、检查。

首席风险官发现涉嫌占用、挪用客户保证金等违法违规行为或者可能发生风险的，应当立即向住所地中国证监会派出机构和公司董事会报告。

期货公司拟解聘首席风险官的，应当有正当理由，并向住所地中国证监会派出机构报告。

第四十二条　期货公司的董事长、总经理、首席风险官之间不得存在近亲属关系。董事长和总经理不得由一人兼任。

第四十三条　期货公司应当合理设置业务部门及其职能，建立岗位责任制度，不相容岗位应当分离。交易、结算、财务业务应由不同部门和人员分开办理。

期货公司应当设立风险管理部门或者岗位，管理和控制期货公司的经营风险。

期货公司应当设立合规审查部门或者岗位，审查和稽核期货公司经营管理的合法合规性。

第四十四条　期货公司应当对分支机构实行集中统一管理，不得与他人合资、合作经营管理分支机构，不得将分支机构承包、租赁或者委托给他人经营管理。

分支机构经营的业务不得超出期货公司的业务范围，并应当符合中国证监会对相关业务的规定。

期货公司应当按照规定对营业部实行统一结算、统一风险管理、统一资金调拨、统一财务管理和会计核算。

第四十五条　期货公司可以按照规定，运用自有资金投资于股票、投资基金、债券等金融类资产，与业务相关的股权以及中国证监会规定的其他业务，但不得从事《期货交易管理条例》禁止的业务。

第四章　业务规则

第一节　一般规定

第四十六条　期货公司应当建立并有效执行风险管理、内部控制、期货保证金存管等业务制度和流程，有效隔离不同业务之间的风险，确保客户资产安全和交易安全。

第四十七条　期货公司应当按照规定实行投资者适当性管理制度，建立执业规范和内部问责机制，了解客户的经济实力、专业知识、投资经历和风险偏好等情况，审慎评估客户的风险承受能力，提供与评估结果相适应的产品或者服务。

期货公司应当向客户全面客观介绍相关法律法规、业务规则、产品或者服务的特征，充分揭示风险，并按照合同的约定，如实向客户提供与交易相关的资料、信息，不得欺诈或者误导客户。

期货公司应充分了解和评估客户风险承受能力，加强对客户的管理。

第四十八条　期货公司应当在营业场所公示业务流程。

期货公司应当提供从业人员资格证明等资料供客户查阅，并在本公司网站和营业场所提示客户可以通过中国期货业协会网站查询。

第四十九条　期货公司应当具有符合行业标准和自身业务发展需要的信息系统，制定信息技术管理制度，按照规定设置信息技术部门或岗位，保障信息系统安全运行。

第五十条　期货公司应当承担投资者投诉处理的首要责任，建立、健全客户投诉处理制度，公开投诉处理流程，妥善处理客户投诉及与客户的纠纷。

第五十一条　期货公司应当建立数据备份制度，对交易、结算、财务等数据进行备份管理。

期货公司应当妥善保存客户资料，除依法接受调查和检查外，应当为客户保密。客户资料保存期限不得少于 20 年。

第二节　期货经纪业务

第五十二条　期货公司不得接受下列单位和个人的委托，为其进行期货交易：

（一）国家机关和事业单位；

（二）中国证监会及其派出机构、期货交易所、期货保证金安全存管监控机构、中国期货业协会工作人员及其配偶；

（三）期货公司工作人员及其配偶；

（四）证券、期货市场禁止进入者；

（五）未能提供开户证明材料的单位和个人；

（六）中国证监会规定的不得从事期货交易的其他单位和个人。

第五十三条　客户开立账户，应当出具合法有效的单位、个人身份证明或者其他证明材料。

第五十四条　期货公司在为客户开立期货经纪账户前，应当向客户出示《期货交易风险说明书》，由客户签字确认，并签订期货经纪合同。

《〈期货经纪合同〉指引》和《期货交易风险说明书》由中国期货业协会制定。

第五十五条　客户可以通过书面、电话、计算机、互联网等委托方式下达交易指令。

期货公司应当建立交易指令委托管理制度，并与客户就委托方式和程序进行约定。期货公司应当按照客户委托下达交易指令，不得未经客户委托或者未按客户委托内容，擅自进行期货交易。期货公司从业人员不得未经过其依法设立的营业场所私下接受客户委托进行期货交易。

以书面方式下达交易指令的，客户应当填写书面交易指令单；以电话方式下达交易指令的，期货公司应当同步录音；以计算机、互联网等委托方式下达交易指令的，期货公司应当以适当方式保存。以互联网方式下达交易指令的，期货公司应当对互联网交易风险进行特别提示。

第五十六条 期货公司应当在传递交易指令前对客户账户资金和持仓进行验证。

期货公司应当按照时间优先的原则传递客户交易指令。

第五十七条 期货公司应当在每日结算后为客户提供交易结算报告，并提示客户可以通过期货保证金安全存管监控机构进行查询。客户应当按照期货经纪合同约定方式对交易结算报告内容进行确认。

客户对交易结算报告有异议的，应当在期货经纪合同约定的时间内以书面方式提出，期货公司应当在约定时间内进行核实。客户未在约定时间内提出异议的，视为对交易结算报告内容的确认。

第五十八条 期货公司应当制定并执行错单处理业务规则。

第五十九条 期货公司应当按照规定为客户申请、注销交易编码。客户与期货公司的委托关系终止的，应当办理销户手续。期货公司不得将客户未注销的资金账号、交易编码借给他人使用。

第六十条 期货公司可以按照规定委托其他机构或者接受其他机构委托从事中间介绍业务。

考点回顾 单选

下列关于期货经纪业务的表述，错误的是（　　）。
A. 期货公司在为客户开立账户前，应当与其签订期货经纪合同
B. 客户开立账户前，应签字确认已了解《期货交易风险说明书》的内容
C. 期货经纪合同向期货公司住所地的中国证监会派出机构备案后方生效
D. 期货公司在为客户开立账户前，应当向客户出示《期货交易风险说明书》
【答案】C

第三节 期货投资咨询业务

第六十一条 期货公司可以依法从事期货投资咨询业务，接受客户委托，向客户提供风险管理顾问、研究分析、交易咨询等服务。

第六十二条 期货公司从事期货投资咨询业务，应当与客户签订服务合同，明确约定服务内容、收费标准及纠纷处理方式等事项。

第六十三条 期货公司及其从业人员从事期货投资咨询业务，不得有下列行为：

（一）向客户做获利保证；
（二）以虚假信息、市场传言或者内幕信息为依据向客户提供期货投资咨询服务；
（三）对价格涨跌或者市场走势做出确定性的判断；
（四）利用向客户提供投资建议谋取不正当利益；
（五）利用期货投资咨询活动传播虚假、误导性信息；

（六）以个人名义收取服务报酬；

（七）法律、行政法规和中国证监会规定禁止的其他行为。

第四节　资产管理业务

第六十四条　期货公司可以依法从事资产管理业务，接受客户委托，运用客户资产进行投资。投资收益由客户享有，损失由客户承担。

第六十五条　期货公司从事资产管理业务，应当与客户签订资产管理合同，通过专门账户提供服务。

第六十六条　期货公司可以依法从事下列资产管理业务：

（一）为单一客户办理资产管理业务；

（二）为特定多个客户办理资产管理业务。

第六十七条　资产管理业务的投资范围包括：

（一）期货、期权及其他金融衍生产品；

（二）股票、债券、证券投资基金、集合资产管理计划、央行票据、短期融资券、资产支持证券等；

（三）中国证监会认可的其他投资品种。

第六十八条　期货公司及其从业人员从事资产管理业务，不得有下列行为：

（一）以欺诈手段或者其他不当方式误导、诱导客户；

（二）向客户做出保证其资产本金不受损失或者取得最低收益的承诺；

（三）接受客户委托的初始资产低于中国证监会规定的最低限额；

（四）占用、挪用客户委托资产；

（五）以转移资产管理账户收益或者亏损为目的，在不同账户之间进行买卖，损害客户利益；

（六）以获取佣金或者其他利益为目的，使用客户资产进行不必要的交易；

（七）利用管理的客户资产为第三方谋取不正当利益，进行利益输送；

（八）法律、行政法规以及中国证监会规定禁止的其他行为。

第五章　客户资产保护

第六十九条　客户的保证金和委托资产属于客户资产，归客户所有。客户资产应当与期货公司的自有资产相互独立、分别管理。非因客户本身的债务或者法律、行政法规规定的其他情形，不得查封、冻结、扣划或者强制执行客户资产。期货公司破产或者清算时，客户资产不属于破产财产或者清算财产。

第七十条　期货公司应当在期货保证金存管银行开立期货保证金账户。

期货公司开立、变更或者撤销期货保证金账户的，应于当日向期货保证金安全存管监控机构备案，并通过规定方式向客户披露账户开立、变更或者撤销情况。

第七十一条　客户应当向期货公司登记以本人名义开立的用于存取期货保证金的结算账户。

期货公司和客户应当通过备案的期货保证金账户和登记的期货结算账户转账存取保证金。

第七十二条 期货公司存管的客户保证金应当全额存放在期货保证金账户和期货交易所专用结算账户内，严禁在期货保证金账户和期货交易所专用结算账户之外存放。

第七十三条 期货公司应当按照规定及时向期货保证金安全存管监控机构报送信息。

第七十四条 期货保证金存管银行未按规定向期货保证金安全存管监控机构报送信息，被期货交易所采取自律监管措施或者被中国证监会采取监管措施、处以行政处罚的，期货公司应当暂停在该存管银行开立期货保证金账户，并将期货保证金转存至其他符合规定的期货保证金存管银行。

第七十五条 期货公司应当按照期货交易所规则，缴存结算担保金，并维持最低数额的结算准备金等专用资金，确保客户正常交易。

第七十六条 除依据《期货交易管理条例》第二十九条划转外，任何单位或者个人不得以任何形式占用、挪用客户保证金。

客户在期货交易中违约造成保证金不足的，期货公司应当以风险准备金和自有资金垫付，不得占用其他客户保证金。

期货公司应当按照规定提取、管理和使用风险准备金，不得挪作他用。

第六章 监督管理

第七十七条 期货公司应当按照规定报送年度报告、月度报告等资料。

期货公司法定代表人、经营管理主要负责人、首席风险官、财务负责人应当对年度报告和月度报告签署确认意见；监事会或监事应对年度报告进行审核并提出书面审核意见；期货公司董事会应当对年度报告签署确认意见。

期货公司年度报告、月度报告签字人员应当保证报告内容真实、准确、完整；对报告内容有异议的，应当注明意见和理由。

第七十八条 中国证监会及其派出机构可以要求下列机构或者个人，在指定的期限内报送与期货公司经营相关的资料：

（一）期货公司及其董事、监事、高级管理人员及其他工作人员；

（二）期货公司的股东、实际控制人或者其他关联人；

（三）期货公司控股、参股或者实际控制的企业；

（四）为期货公司提供相关服务的会计师事务所、律师事务所、资产评估机构等中介服务机构。

报送、提供或者披露的资料、信息应当真实、准确、完整，不得有虚假记载、误导性陈述或者重大遗漏。

第七十九条 持有期货公司5%以上股权的股东、实际控制人或者其他关联人在期货公司从事期货交易的，期货公司应当自开户之日起 5 个工作日内向住所地中国证监会派出机构报告开户情况，并定期报告交易情况。

第八十条　发生下列事项之一的，期货公司应当在 5 个工作日内向其住所地的中国证监会派出机构书面报告：

（一）变更公司名称、形式、章程；

（二）发生本办法第十七条规定情形以外的股权或者注册资本变更；

（三）变更分支机构负责人或者营业场所；

（四）作出终止业务等重大决议；

（五）被有权机关立案调查或者采取强制措施；

（六）发生影响或者可能影响期货公司经营管理、财务状况或者客户资产安全等重大事件；

（七）中国证监会规定的其他事项。

上述事项涉及期货公司分支机构的，期货公司应当同时向分支机构住所地中国证监会派出机构书面报告。

第八十一条　期货公司聘请或者解聘会计师事务所的，应当自作出决定之日起 5 个工作日内向住所地中国证监会派出机构报告；解聘会计师事务所的，应当说明理由。

第八十二条　期货公司应当按照规定，公示基本情况、历史情况、分支机构基本情况、董事及监事信息、高级管理人员及从业人员信息、公司股东信息、公司诚信记录以及中国证监会要求的其他信息。

第八十三条　中国证监会可以按照规定对期货公司进行分类监管。

第八十四条　中国证监会及其派出机构可以对期货公司及其分支机构进行定期或者不定期现场检查。

中国证监会及其派出机构依法进行现场检查时，检查人员不得少于 2 人，并应当出示合法证件和检查通知书，必要时可以聘请外部专业人士协助检查。

中国证监会及其派出机构可以对期货公司子公司以及期货公司的控股股东、实际控制人进行延伸检查。

第八十五条　中国证监会及其派出机构对期货公司及其分支机构进行检查，有权采取下列措施：

（一）询问期货公司及其分支机构的工作人员，要求其对被检查事项作出解释、说明；

（二）查阅、复制与被检查事项有关的文件、资料；

（三）查询期货公司及其分支机构的客户资产账户；

（四）检查期货公司及其分支机构的信息系统，调阅交易、结算及财务数据。

第八十六条　中国证监会及其派出机构认为期货公司可能存在下列情形之一的，可以要求其聘请中介服务机构进行专项审计、评估或者出具法律意见：

（一）期货公司年度报告、月度报告或者临时报告等存在虚假记载、误导性陈述或者重大遗漏；

（二）违反客户资产保护、期货保证金安全存管监控规定或者风险监管指标管理规定；

（三）中国证监会根据审慎监管原则认定的其他情形。

期货公司应当配合中介服务机构工作。

第八十七条 期货公司违反本办法有关规定的，中国证监会及其派出机构可以对其采取监管谈话、责令改正、出具警示函等监督管理措施。

第八十八条 期货公司或其分支机构有下列情形之一的，中国证监会及其派出机构可以依据《期货交易管理条例》第五十六条规定采取监管措施：

（一）公司治理不健全，部门或者岗位设置存在较大缺陷，关键业务岗位人员缺位或者未履行职责，可能影响期货公司持续经营；

（二）业务规则不健全或者未有效执行，风险管理或者内部控制等存在较大缺陷，经营管理混乱，可能影响期货公司持续经营或者可能损害客户合法权益；

（三）不符合有关客户资产保护或者期货保证金安全存管监控规定，可能影响客户资产安全；

（四）未按规定执行分支机构统一管理制度，经营管理存在较大风险或者风险隐患；

（五）未按规定实行投资者适当性管理制度，存在较大风险或者风险隐患；

（六）未按规定委托或者接受委托从事中间介绍业务；

（七）交易、结算或者财务信息系统存在重大缺陷，可能造成有关数据失真或者损害客户合法权益；

（八）信息系统不符合规定；

（九）股东、实际控制人或者其他关联人停业、发生重大风险或者涉嫌严重违法违规，可能影响期货公司治理或者持续经营；

（十）存在重大纠纷、仲裁、诉讼，可能影响持续经营；

（十一）未按规定进行信息报送、披露或者报送、披露的信息存在虚假记载、误导性陈述或者重大遗漏；

（十二）其他不符合持续性经营规则规定或者出现其他经营风险的情形。

对经过整改仍未达到经营条件的分支机构，中国证监会派出机构有权依法关闭。

第八十九条 期货公司股东、实际控制人、其他关联人，为期货公司提供相关服务的会计师事务所、律师事务所、资产评估机构等中介服务机构违反本办法规定的，中国证监会及其派出机构可以对其采取监管谈话、责令改正、出具警示函等监督管理措施。

第九十条 期货公司的股东、实际控制人或其他关联人有下列情形之一的，中国证监会及其派出机构可以责令其限期整改：

（一）占用期货公司资产；

（二）直接任免期货公司的董事、监事、高级管理人员，或者非法干预期货公司经营管理活动；

（三）股东未按照出资比例或者所持股份比例行使表决权；

（四）报送、提供或者出具的材料、信息或者报告等存在虚假记载、误导性陈述或者重大遗漏。

因前款情形致使期货公司不符合持续性经营规则或者出现经营风险的，中国证监会及其派出机构可以依据《期货交易管理条例》第五十六条的规定责令控股股东转让股权或者限制其行使股东权利。

第九十一条 未经中国证监会或其派出机构批准，任何个人或者单位及其关联人擅自持有期货公司5%以上股权，或者通过提供虚假申请材料等方式成为期货公司股东的，中国证监会或其派出机构可以责令其限期转让股权。该股权在转让之前，不具有表决权、分红权。

考点回顾｜单选

期货公司违反《期货公司监督管理办法》规定的，中国证监会及其派出机构可以（　　）等措施。

A. 进行调查、给予纪律惩戒

B. 给予其测试、公开谴责

C. 进行调查、限制其人身自由

D. 对其采取监管谈话、责令改正、出具警示函

【答案】D

第七章　法律责任

第九十二条 期货公司及其分支机构接受未办理开户手续的单位或者个人委托进行期货交易，或者将客户的资金账号、交易编码借给其他单位或者个人使用的，给予警告，单处或者并处3万元以下罚款。

第九十三条 期货公司及其分支机构有下列行为之一的，根据《期货交易管理条例》第六十七条处罚：

（一）未按规定实行投资者适当性管理制度，损害客户合法权益；

（二）未按规定将客户资产与期货公司自有资产相互独立、分别管理；

（三）在期货保证金账户和期货交易所专用结算账户之外存放客户保证金；

（四）占用客户保证金；

（五）向期货保证金安全存管监控机构报送的信息存在虚假记载、误导性陈述或者重大遗漏；

（六）违反期货保证金安全存管监控管理相关规定，损害客户合法权益；

（七）未按规定缴存结算担保金，或者未能维持最低数额的结算准备金等专用资金；

（八）在传递交易指令前未对客户账户资金和持仓进行验证；

（九）违反中国证监会有关结算业务管理规定，损害其他期货公司及其客户合法权益；

（十）信息系统不符合规定，损害客户合法权益；

（十一）违反中国证监会风险监管指标规定；

（十二）违反规定从事期货投资咨询或者资产管理业务，情节严重的；

（十三）违反规定委托或者接受其他机构委托从事中间介绍业务；

（十四）对股东、实际控制人及其关联人降低风险管理要求，侵害其他客户合法权益；

（十五）以合资、合作、联营方式设立分支机构，或者将分支机构承包、出租给他人，或者违反分支机构集中统一管理规定；

（十六）拒不配合、阻碍或者破坏中国证监会及其派出机构的监督管理；

（十七）违反期货投资者保障基金管理规定。

第九十四条 期货公司及其分支机构有下列情形之一的，根据《期货交易管理条例》第六十八条处罚：

（一）发布虚假广告或者进行虚假宣传，诱骗客户参与期货交易；

（二）不按照规定变更或者撤销期货保证金账户，或者不按照规定方式向客户披露期货保证金账户信息。

第九十五条 会计师事务所、律师事务所、资产评估机构等中介服务机构不按照规定履行报告义务，提供或者出具的材料、报告、意见不完整，责令改正，没收业务收入，单处或者并处 3 万元以下罚款。对直接负责的主管人员和其他责任人员给予警告，并处 3 万元以下罚款。

第九十六条 未经中国证监会或其派出机构批准，任何个人或者单位及其关联人擅自持有期货公司 5% 以上股权，或者通过提供虚假申请材料等方式成为期货公司股东，情节严重的，给予警告，单处或者并处 3 万元以下罚款。

第八章 附 则

第九十七条 经中国证监会批准，其他期货经营机构可以从事特定期货业务。具体办法由中国证监会另行制定。

第九十八条 期货公司参与其他交易场所交易的，应当遵守法律、行政法规及其他交易场所业务规则的规定。

第九十九条 本办法中所称金融资产包括银行存款、股票、债券、基金份额、资产管理计划、银行理财产品、信托计划、保险产品、期货权益等。

第一百条　本办法自公布之日起施行。2005 年 8 月 19 日发布的《关于香港、澳门服务提供者参股期货经纪公司有关问题的通知》（证监期货字〔2005〕138 号）、2007 年 2 月 25 日发布的《关于加强期货公司客户风险控制有关工作的通知》（证监期货字〔2007〕18 号）、2007 年 4 月 9 日发布的《期货公司管理办法》（证监会令第 43 号）、2011 年 11 月 3 日发布的《期货营业部管理规定（试行）》（证监会公告〔2011〕33 号）、2012 年 5 月 10 日发布的《关于期货公司变更注册资本或股权有关问题的规定》（证监会公告〔2012〕11 号）同时废止。

期货法律法规

期货公司董事、监事和高级管理人员任职资格管理办法

(中国证券监督管理委员会令第 47 号　2007 年 7 月 4 日)

《期货公司董事、监事和高级管理人员任职资格管理办法》于中国证券监督管理委员会第 207 次主席办公会议审议通过，现予公布，自公布之日起施行。

第一章　总　则

第一条　为了加强对期货公司董事、监事和高级管理人员任职资格的管理，规范期货公司运作，防范经营风险，根据《公司法》和《期货交易管理条例》，制定本办法。

第二条　期货公司董事、监事和高级管理人员的任职资格管理，适用本办法。

本办法所称高级管理人员，是指期货公司的总经理、副总经理、首席风险官（以下简称经理层人员），财务负责人、营业部负责人以及实际履行上述职务的人员。

第三条　期货公司董事、监事和高级管理人员应当在任职前取得中国证券监督管理委员会（以下简称中国证监会）核准的任职资格。

期货公司不得任用未取得任职资格的人员担任董事、监事和高级管理人员。

第四条　期货公司董事、监事和高级管理人员应当遵守法律、行政法规和中国证监会的规定，遵守自律规则、行业规范和公司章程，恪守诚信，勤勉尽责。

第五条　中国证监会依法对期货公司董事、监事和高级管理人员进行监督管理。

中国证监会派出机构依照本办法和中国证监会的授权对期货公司董事、监事和高级管理人员进行监督管理。

中国期货业协会、期货交易所依法对期货公司董事、监事和高级管理人员进行自律管理。

★考点回顾｜单选

期货公司董事、监事和高级管理人员应当在任职前取得（　　）核准的任职资格。

A. 中国期货业协会　　　　　　　B. 中国证监会
C. 国家外汇管理局　　　　　　　D. 商务部

【答案】B

第二章　任职资格条件

第六条　申请期货公司董事、监事和高级管理人员的任职资格，应当具有诚实守信的品质、良好的职业道德和履行职责所必需的经营管理能力。

第七条　申请除董事长、监事会主席、独立董事以外的董事、监事的任职资格，应当具备下列条件：

（一）具有从事期货、证券等金融业务或者法律、会计业务 3 年以上经验，或者经济管理工作 5 年以上经验；

（二）具有大学专科以上学历。

第八条　申请独立董事的任职资格，应当具备下列条件：

（一）具有从事期货、证券等金融业务或者法律、会计业务 5 年以上经验，或者具有相关学科教学、研究的高级职称；

（二）具有大学本科以上学历，并且取得学士以上学位；

（三）通过中国证监会认可的资质测试；

（四）有履行职责所必需的时间和精力。

第九条　下列人员不得担任期货公司独立董事：

（一）在期货公司或其关联方任职的人员及其近亲属和主要社会关系人员；

（二）在下列机构任职的人员及其近亲属和主要社会关系人员：持有或者控制期货公司 5% 以上股权的单位、期货公司前 5 名股东单位、与期货公司存在业务联系或者利益关系的机构；

（三）为期货公司及其关联方提供财务、法律、咨询等服务的人员及其近亲属；

（四）最近 1 年内曾经具有前三项所列举情形之一的人员；

（五）在其他期货公司担任除独立董事以外职务的人员；

（六）中国证监会认定的其他人员。

第十条　申请董事长和监事会主席的任职资格，应当具备下列条件：

（一）具有从事期货业务 3 年以上经验，或者其他金融业务 4 年以上经验，或者法律、会计业务 5 年以上经验；

（二）具有大学本科以上学历或者取得学士以上学位；

（三）通过中国证监会认可的资质测试。

第十一条　申请经理层人员的任职资格，应当具备下列条件：

（一）具有期货从业人员资格；

（二）具有大学本科以上学历或者取得学士以上学位；

（三）通过中国证监会认可的资质测试。

第十二条　申请总经理、副总经理的任职资格，除具备第十一条规定条件外，还应当具备下列条件：

（一）具有从事期货业务 3 年以上经验，或者其他金融业务 4 年以上经验，或者法律、会计业务5年以上经验；

（二）担任期货公司、证券公司等金融机构部门负责人以上职务不少于2年，或者具有相当职位管理工作经历。

第十三条　申请首席风险官的任职资格，除具备第十一条规定条件外，还应当具有从事期货业务3年以上经验，并担任期货公司交易、结算、风险管理或者合规负责人职务不少于2年；或者具有从事期货业务1年以上经验，并具有在证券公司等金融机构从事风险管理、合规业务3年以上经验。

第十四条　申请财务负责人、营业部负责人的任职资格，应当具备下列条件：

（一）具有期货从业人员资格；

（二）具有大学本科以上学历或者取得学士以上学位。

申请财务负责人的任职资格，还应当具有会计师以上职称或者注册会计师资格；申请营业部负责人的任职资格，还应当具有从事期货业务3年以上经验，或者其他金融业务4年以上经验。

第十五条　期货公司法定代表人应当具有期货从业人员资格。

第十六条　具有从事期货业务10年以上经验或者曾担任金融机构部门负责人以上职务8年以上的人员，申请期货公司董事长、监事会主席、高级管理人员任职资格的，学历可以放宽至大学专科。

第十七条　具有期货等金融或者法律、会计专业硕士研究生以上学历的人员，申请期货公司董事、监事和高级管理人员任职资格的，从事除期货以外的其他金融业务，或者法律、会计业务的年限可以放宽1年。

第十八条　在期货监管机构、自律机构以及其他承担期货监管职能的专业监管岗位任职8年以上的人员，申请期货公司高级管理人员任职资格的，可以免试取得期货从业人员资格

第十九条　有下列情形之一的，不得申请期货公司董事、监事和高级管理人员的任职资格：

（一）《公司法》第一百四十七条规定的情形；

（二）因违法行为或者违纪行为被解除职务的期货交易所、证券交易所、证券登记结算机构的负责人，或者期货公司、证券公司的董事、监事、高级管理人员，自被解除职务之日起未逾5年；

（三）因违法行为或者违纪行为被撤销资格的律师、注册会计师或者投资咨询机构、财务顾问机构、资信评级机构、资产评估机构、验证机构的专业人员，自被撤销资格之日起未逾5年；

（四）因违法行为或者违纪行为被开除的期货交易所、证券交易所、证券登记结算机构、证券服务机构、期货公司、证券公司的从业人员和被开除的国家机关工作人员，自被开除之日起未逾5年；

（五）国家机关工作人员和法律、行政法规规定的禁止在公司中兼职的其他

人员；

（六）因违法违规行为受到金融监管部门的行政处罚，执行期满未逾3年；

（七）自被中国证监会或者其派出机构认定为不适当人选之日起未逾2年；

（八）因违法违规行为或者出现重大风险被监管部门责令停业整顿、托管、接管或者撤销的金融机构及分支机构，其负有责任的主管人员和其他直接责任人员，自该金融机构及分支机构被停业整顿、托管、接管或者撤销之日起未逾3年；

（九）中国证监会认定的其他情形。

考点回顾 | 多选

下列选项中，不属于申请除董事长、监事会主席、独立董事以外的董事、监事的任职资格需具备的条件有（   ）。

A. 具有从事期货、证券等金融业务或者法律、会计业务3年以上经验，或者经济管理工作3年以上经验

B. 具有大学专科以上学历

C. 通过中国证监会认可的资质测试

D. 有履行职责所必需的时间和精力

【答案】ACD

第三章　任职资格的申请与核准

第二十条　期货公司董事长、监事会主席、独立董事、经理层人员的任职资格，由中国证监会依法核准。经中国证监会授权，可以由中国证监会派出机构依法核准。

除董事长、监事会主席、独立董事以外的董事、监事和财务负责人的任职资格，由期货公司住所地的中国证监会派出机构依法核准。

营业部负责人的任职资格由期货公司营业部所在地的中国证监会派出机构依法核准。

第二十一条　申请期货公司董事长、监事会主席、独立董事的任职资格，应当由拟任职期货公司向中国证监会或者其授权的派出机构提出申请，并提交下列申请材料：

（一）申请书；

（二）任职资格申请表；

（三）2名推荐人的书面推荐意见；

（四）身份、学历、学位证明；

（五）资质测试合格证明；

（六）中国证监会规定的其他材料。

申请独立董事任职资格的，还应当提供拟任人关于独立性的声明，声明应当重

点说明其本人是否存在本办法第九条所列举的情形。

第二十二条　申请经理层人员的任职资格，应当由本人或者拟任职期货公司向中国证监会或者其授权的派出机构提出申请，并提交下列申请材料：

（一）申请书；

（二）任职资格申请表；

（三）2 名推荐人的书面推荐意见；

（四）身份、学历、学位证明；

（五）期货从业人员资格证书；

（六）资质测试合格证明；

（七）中国证监会规定的其他材料。

第二十三条　推荐人应当是任职 1 年以上的期货公司现任董事长、监事会主席或者经理层人员。

拟任人不具有期货从业经历的，推荐人中可有 1 名是其原任职单位的负责人。拟任人为境外人士的，推荐人中可有 1 名是拟任人曾任职的境外期货经营机构的经理层人员。

推荐人应当了解拟任人的个人品行、遵纪守法、从业经历、业务水平、管理能力等情况，承诺推荐内容的真实性，对拟任人是否存在本办法第十九条所列举的情形作出说明，并发表明确的推荐意见。

推荐人每年最多只能推荐 3 人申请期货公司董事长、监事会主席、独立董事或者经理层人员的任职资格。

第二十四条　申请除董事长、监事会主席、独立董事以外的董事、监事和财务负责人的任职资格，应当由拟任职期货公司向公司住所地的中国证监会派出机构提出申请，并提交下列申请材料：

（一）申请书；

（二）任职资格申请表；

（三）身份、学历、学位证明；

（四）中国证监会规定的其他材料。

申请财务负责人任职资格的，还应当提交期货从业人员资格证书，以及会计师以上职称或者注册会计师资格的证明。

第二十五条　申请营业部负责人的任职资格，应当由拟任职期货公司向营业部所在地的中国证监会派出机构提出申请，并提交下列申请材料：

（一）申请书；

（二）任职资格申请表；

（三）身份、学历、学位证明；

（四）期货从业人员资格证书；

（五）中国证监会规定的其他材料。

第二十六条　申请人提交境外大学或者高等教育机构学位证书或者高等教育文凭，或者非学历教育文凭的，应当同时提交国务院教育行政部门对拟任人所获教育文凭的学历学位认证文件。

第二十七条　中国证监会或者其派出机构通过审核材料、考察谈话、调查从业经历等方式，对拟任人的能力、品行和资历进行审查。

第二十八条　申请人或者拟任人有下列情形之一的，中国证监会或者其派出机构可以作出终止审查的决定：

（一）拟任人死亡或者丧失行为能力；

（二）申请人依法解散；

（三）申请人撤回申请材料；

（四）申请人未在规定期限内针对反馈意见作出进一步说明、解释；

（五）申请人或者拟任人因涉嫌违法违规行为被有权机关立案调查；

（六）申请人被依法采取停业整顿、托管、接管、限制业务等监管措施；

（七）申请人或者拟任人因涉嫌犯罪被司法机关立案侦查；

（八）中国证监会认定的其他情形。

第二十九条　期货公司应当自拟任董事、监事、财务负责人、营业部负责人取得任职资格之日起 30 个工作日内，按照公司章程等有关规定办理上述人员的任职手续。自取得任职资格之日起 30 个工作日内，上述人员未在期货公司任职，其任职资格自动失效，但有正当理由并经中国证监会相关派出机构认可的除外。

第三十条　期货公司任用董事、监事和高级管理人员，应当自作出决定之日起 5 个工作日内，向中国证监会相关派出机构报告，并提交下列材料：

（一）任职决定文件；

（二）相关会议的决议；

（三）相关人员的任职资格核准文件；

（四）高级管理人员职责范围的说明；

（五）中国证监会规定的其他材料。

第三十一条　期货公司免除董事、监事和高级管理人员的职务，应当自作出决定之日起 5 个工作日内，向中国证监会相关派出机构报告，并提交下列材料：

（一）免职决定文件；

（二）相关会议的决议；

（三）中国证监会规定的其他材料。

期货公司拟免除首席风险官的职务，应当在作出决定前 10 个工作日将免职理由及其履行职责情况向公司住所地的中国证监会派出机构报告。

第三十二条　期货公司任用境外人士担任经理层人员职务的比例不得超过公司经理层人员总数的 30%。

第三十三条　期货公司董事、监事和高级管理人员不得在党政机关兼职。

期货公司高级管理人员最多可以在期货公司参股的2家公司兼任董事、监事，但不得在上述公司兼任董事、监事之外的职务，不得在其他营利性机构兼职或者从事其他经营性活动。

期货公司营业部负责人不得兼任其他营业部负责人。

独立董事最多可以在2家期货公司兼任独立董事。

期货公司董事、监事和高级管理人员兼职的，应当自有关情况发生之日起5个工作日内向中国证监会相关派出机构报告。

第三十四条 期货公司董事、监事、财务负责人、营业部负责人离任的，其任职资格自离任之日起自动失效。

有以下情形的，不受前款规定所限：

（一）期货公司除董事长、监事会主席、独立董事以外的董事、监事，在同一期货公司内由董事改任监事或者由监事改任董事；

（二）在同一期货公司内，董事长改任监事会主席，或者监事会主席改任董事长，或者董事长、监事会主席改任除独立董事之外的其他董事、监事；

（三）在同一期货公司内，营业部负责人改任其他营业部负责人。

第三十五条 期货公司董事长、监事会主席、独立董事离任后到其他期货公司担任董事长、监事会主席、独立董事的，应当重新申请任职资格。上述人员离开原任职期货公司不超过12个月，且未出现本办法第十九条规定情形的，拟任职期货公司应当提交下列申请材料：

（一）申请书；

（二）任职资格申请表；

（三）拟任人在原任职期货公司任职情况的陈述；

（四）中国证监会规定的其他材料。

第三十六条 取得经理层人员任职资格的人员，担任董事（不包括独立董事）、监事、营业部负责人职务，不需重新申请任职资格，由拟任职期货公司按照规定依法办理其任职手续。

★**考点回顾** |多选

申请期货公司董事长、监事会主席、独立董事的任职资格，应提交的申请材料包括（　　）。

A．申请书　　　　　　　　　　B．任职资格申请表
C．3名推荐人的书面推荐意见　　D．期货从业人员资格

【答案】AB

第四章　行为规则

第三十七条 期货公司董事应当按照公司章程的规定出席董事会会议，参加公

司的活动，切实履行职责。

第三十八条　期货公司独立董事应当重点关注和保护客户、中小股东的利益，发表客观、公正的独立意见。

第三十九条　期货公司高级管理人员应当遵循诚信原则，谨慎地在职权范围内行使职权，维护客户和公司的合法利益，不得从事或者配合他人从事损害客户和公司利益的活动，不得利用职务之便为自己或者他人谋取属于本公司的商业机会。

第四十条　期货公司董事、监事和高级管理人员的近亲属在期货公司从事期货交易的，有关董事、监事和高级管理人员应当在知悉或者应当知悉之日起 5 个工作日内向公司报告，并遵循回避原则。公司应当在接到报告之日起 5 个工作日内向中国证监会相关派出机构备案，并定期报告相关交易情况。

第四十一条　期货公司总经理应当认真执行董事会决议，有效执行公司制度，防范和化解经营风险，确保经营业务的稳健运行和客户保证金安全完整。副总经理应当协助总经理工作，忠实履行职责。

第四十二条　期货公司董事、监事和高级管理人员不得收受商业贿赂或者利用职务之便牟取其他非法利益。

考点回顾 | 单选

期货公司董事、监事和高级管理人员的近亲属在期货公司从事期货交易的，有关董事、监事和高级管理人员应当在知悉或者应当知悉之日起（　　）个工作日内向公司报告，并遵循回避原则。

A. 2　　　　B. 3　　　　C. 5　　　　D. 10

【答案】C

第五章　监督管理

第四十三条　中国证监会对取得经理层人员任职资格但未实际任职的人员实行资格年检。

上述人员应当自取得任职资格的下一个年度起，在每年第一季度向住所地的中国证监会派出机构提交由单位负责人或者推荐人签署意见的年检登记表，对是否存在本办法第十九条所列举的情形作出说明。

第四十四条　取得经理层人员任职资格但未实际任职的人员，未按规定参加资格年检，或者未通过资格年检，或者连续 5 年未在期货公司担任经理层人员职务的，应当在任职前重新申请取得经理层人员的任职资格。

第四十五条　期货公司董事长、监事会主席、独立董事、经理层人员和取得经理层人员任职资格但未实际任职的人员，应当至少每 2 年参加 1 次由中国证监会认可、行业自律组织举办的业务培训，取得培训合格证书。

第四十六条　期货公司董事长、总经理、首席风险官在失踪、死亡、丧失行为能力等特殊情形下不能履行职责的，期货公司可以按照公司章程等规定临时决定由符合相应任职资格条件的人员代为履行职责，并自作出决定之日起3个工作日内向中国证监会及其派出机构报告。

公司决定的人员不符合条件的，中国证监会及其派出机构可以责令公司更换代为履行职责的人员。

代为履行职责的时间不得超过6个月。公司应当在6个月内任用具有任职资格的人员担任董事长、总经理、首席风险官。

第四十七条　期货公司调整高级管理人员职责分工的，应当在5个工作日内向中国证监会相关派出机构报告。

第四十八条　期货公司董事、监事和高级管理人员因涉嫌违法违规行为被有权机关立案调查或者采取强制措施的，期货公司应当在知悉或者应当知悉之日起3个工作日内向中国证监会相关派出机构报告。

第四十九条　期货公司对董事、监事和高级管理人员给予处分的，应当自作出决定之日起5个工作日内向中国证监会相关派出机构报告。

第五十条　期货公司董事、监事和高级管理人员受到非法或者不当干预，不能正常依法履行职责，导致或者可能导致期货公司发生违规行为或者出现风险的，该人员应当及时向中国证监会相关派出机构报告。

第五十一条　期货公司有下列情形之一的，中国证监会及其派出机构可以责令改正，并对负有责任的主管人员和其他直接责任人员进行监管谈话，出具警示函：

（一）法人治理结构、内部控制存在重大隐患；

（二）未按规定报告高级管理人员职责分工调整的情况；

（三）未按规定报告相关人员代为履行职责的情况；

（四）未按规定报告董事、监事和高级管理人员的近亲属在本公司从事期货交易的情况；

（五）未按规定对离任人员进行离任审计；

（六）中国证监会认定的其他情形。

第五十二条　期货公司董事、监事和高级管理人员有下列情形之一的，中国证监会及其派出机构可以责令改正，并对其进行监管谈话，出具警示函：

（一）未按规定履行职责；

（二）未按规定参加业务培训；

（三）违规兼职或者未按规定报告兼职情况；

（四）未按规定报告近亲属在本公司从事期货交易的情况；

（五）中国证监会认定的其他情形。

第五十三条　期货公司任用境外人士担任经理层人员职务的比例违反本办法规定的，中国证监会及其派出机构可以责令公司更换或调整经理层人员。

第五十四条　期货公司董事、监事和高级管理人员在任职期间出现下列情形之一的，中国证监会及其派出机构可以将其认定为不适当人选：

（一）向中国证监会提供虚假信息或者隐瞒重大事项，造成严重后果；

（二）拒绝配合中国证监会依法履行监管职责，造成严重后果；

（三）擅离职守，造成严重后果；

（四）1年内累计3次被中国证监会及其派出机构进行监管谈话；

（五）累计3次被行业自律组织纪律处分；

（六）对期货公司出现违法违规行为或者重大风险负有责任；

（七）中国证监会认定的其他情形。

第五十五条　期货公司董事、监事和高级管理人员被中国证监会及其派出机构认定为不适当人选的，期货公司应当将该人员免职。

自被中国证监会及其派出机构认定为不适当人选之日起2年内，任何期货公司不得任用该人员担任董事、监事和高级管理人员。

第五十六条　中国证监会建立期货公司董事、监事和高级管理人员诚信档案，记录董事、监事和高级管理人员的合规和诚信情况。

第五十七条　推荐人签署的意见有虚假陈述的，自中国证监会及其派出机构作出认定之日起2年内不再受理该推荐人的推荐意见和签署意见的年检登记表，并记入该推荐人的诚信档案。

第五十八条　期货公司董事长、总经理辞职，或者被认定为不适当人选而被解除职务，或者被撤销任职资格的，期货公司应当委托具有证券、期货相关业务资格的会计师事务所对其进行离任审计，并自其离任之日起3个月内将审计报告报中国证监会及其派出机构备案。

期货公司无故拖延或者拒不审计的，中国证监会及其派出机构可以指定具有证券、期货相关业务资格的会计师事务所进行审计。有关审计费用由期货公司承担。

考点回顾 | 单选

期货公司董事、监事和高级管理人员受到非法或者不当干预，不能正常依法履行职责，导致或者可能导致期货公司发生违规行为或者出现风险的，该人员应当及时向（　　）报告。

A. 中国证监会　　　　　　　　B. 中国证监会或其派出机构

C. 中国证监会相关派出机构　　D. 中国期货业协会

【答案】C

第六章　法律责任

第五十九条　申请人或者拟任人隐瞒有关情况或者提供虚假材料申请任职资格的，中国证监会及其派出机构不予受理或者不予行政许可，并依法予以警告。

第六十条　申请人或者拟任人以欺骗、贿赂等不正当手段取得任职资格的，应当予以撤销，对负有责任的公司和人员予以警告，并处以 3 万元以下罚款。

第六十一条　期货公司有下列情形之一的，根据《期货交易管理条例》第七十条处罚：

（一）任用未取得任职资格的人员担任董事、监事和高级管理人员；

（二）任用中国证监会及其派出机构认定的不适当人选担任董事、监事和高级管理人员；

（三）未按规定报告董事、监事和高级管理人员的任免情况，或者报送的材料存在虚假记载、误导性陈述或者重大遗漏；

（四）未按规定报告董事、监事和高级管理人员的处分情况；

（五）董事、监事和高级管理人员被有权机关立案调查或者采取强制措施的，未按规定履行报告义务；

（六）未按照中国证监会的要求更换或者调整董事、监事和高级管理人员。

第六十二条　期货公司董事、监事和高级管理人员收受商业贿赂或者利用职务之便牟取其他非法利益的，没收违法所得，并处 3 万元以下罚款；情节严重的，暂停或者撤销任职资格。

第六十三条　违反本办法，涉嫌犯罪的，依法移送司法机关，追究刑事责任。

第七章　附　则

第六十四条　期货公司现任法定代表人不具有期货从业人员资格的，应当自本办法施行之日起 1 年内取得期货从业人员资格。逾期未取得期货从业人员资格的，不得继续担任法定代表人。

第六十五条　本办法自公布之日起施行。中国证监会发布的《期货经纪公司高级管理人员任职资格管理办法（修订）》（证监发〔2002〕6 号）、《关于期货经纪公司高级管理人员任职资格审核有关问题的通知》（证监期货字〔2004〕67 号）、《期货经纪公司高级管理人员任职资格年检工作细则》（证监期货字〔2003〕110 号）、《关于落实对涉嫌违法违规期货公司高管人员及相关人员责任追究的通知》（证监期货字〔2005〕159 号）同时废止。

期货从业人员管理办法

(中国证券监督管理委员会令第 48 号　2007 年 7 月 4 日)

《期货从业人员管理办法》于中国证券监督管理委员会第 207 次主席办公会议审议通过，现予公布，自公布之日起施行。

第一章　总　则

第一条　为了加强期货从业人员的资格管理，规范期货从业人员的执业行为，根据《期货交易管理条例》，制定本办法。

第二条　申请期货从业人员资格（以下简称从业资格），从事期货经营业务的机构（以下简称机构）任用期货从业人员，以及期货从业人员从事期货业务的，应当遵守本办法。

第三条　本办法所称机构是指：

（一）期货公司；

（二）期货交易所的非期货公司结算会员；

（三）期货投资咨询机构；

（四）为期货公司提供中间介绍业务的机构；

（五）中国证券监督管理委员会（以下简称中国证监会）规定的其他机构。

第四条　本办法所称期货从业人员是指：

（一）期货公司的管理人员和专业人员；

（二）期货交易所的非期货公司结算会员中从事期货结算业务的管理人员和专业人员；

（三）期货投资咨询机构中从事期货投资咨询业务的管理人员和专业人员；

（四）为期货公司提供中间介绍业务的机构中从事期货经营业务的管理人员和专业人员；

（五）中国证监会规定的其他人员。

第五条　中国证监会及其派出机构依法对期货从业人员进行监督管理。

中国期货业协会（以下简称协会）依法对期货从业人员实行自律管理，负责从业资格的认定、管理及撤销。

第二章　从业资格的取得和注销

第六条　协会负责组织从业资格考试。

第七条　参加从业资格考试的，应当符合下列条件：

（一）年满 18 周岁；

（二）具有完全民事行为能力；

（三）具有高中以上文化程度；

（四）中国证监会规定的其他条件。

第八条　通过从业资格考试的，取得协会颁发的从业资格考试合格证明。

第九条　取得从业资格考试合格证明的人员从事期货业务的，应当事先通过其所在机构向协会申请从业资格。

未取得从业资格的人员，不得在机构中开展期货业务活动。

第十条　机构任用具有从业资格考试合格证明且符合下列条件的人员从事期货业务的，应当为其办理从业资格申请：

（一）品行端正，具有良好的职业道德；

（二）已被本机构聘用；

（三）最近 3 年内未受过刑事处罚或者中国证监会等金融监管机构的行政处罚；

（四）未被中国证监会等金融监管机构采取市场禁入措施，或者禁入期已经届满；

（五）最近 3 年内未因违法违规行为被撤销证券、期货从业资格；

（六）中国证监会规定的其他条件。

机构不得任用无从业资格的人员从事期货业务，不得在办理从业资格申请过程中弄虚作假。

第十一条　期货从业人员辞职、被解聘或者死亡的，机构应当自上述情形发生之日起 10 个工作日内向协会报告，由协会注销其从业资格。

机构的相关期货业务许可被注销的，由协会注销该机构中从事相应期货业务的期货从业人员的从业资格。

第十二条　取得从业资格考试合格证明或者被注销从业资格的人员连续 2 年未在机构中执业的，在申请从业资格前应当参加协会组织的后续职业培训。

第三章　执业规则

第十三条　期货从业人员必须遵守有关法律、行政法规和中国证监会的规定，遵守协会和期货交易所的自律规则，不得从事或者协同他人从事欺诈、内幕交易、操纵期货交易价格、编造并传播有关期货交易的虚假信息等违法违规行为。

第十四条　期货从业人员应当遵守下列执业行为规范：

（一）诚实守信，恪尽职守，促进机构规范运作，维护期货行业声誉；

（二）以专业的技能，谨慎、勤勉尽责地为客户提供服务，保守客户的商业秘密，维护客户的合法权益；

（三）向客户提供专业服务时，充分揭示期货交易风险，不得作出不当承诺或者保证；

（四）当自身利益或者相关方利益与客户的利益发生冲突或者存在潜在利益冲突时，及时向客户进行披露，并且坚持客户合法利益优先的原则；

（五）具有良好的职业道德与守法意识，抵制商业贿赂，不得从事不正当竞争行为和不正当交易行为；

（六）不得为迎合客户的不合理要求而损害社会公共利益、所在机构或者他人的合法权益；

（七）不得以本人或者他人名义从事期货交易；

（八）协会规定的其他执业行为规范。

第十五条　期货公司的期货从业人员不得有下列行为：

（一）进行虚假宣传，诱骗客户参与期货交易；

（二）挪用客户的期货保证金或者其他资产；

（三）中国证监会禁止的其他行为。

第十六条　期货交易所的非期货公司结算会员的期货从业人员不得有下列行为：

（一）利用结算业务关系及由此获得的结算信息损害非结算会员及其客户的合法权益；

（二）代理客户从事期货交易；

（三）中国证监会禁止的其他行为。

第十七条　期货投资咨询机构的期货从业人员不得有下列行为：

（一）利用传播媒介或者通过其他方式提供、传播虚假或者误导客户的信息；

（二）代理客户从事期货交易；

（三）中国证监会禁止的其他行为。

第十八条　为期货公司提供中间介绍业务的机构的期货从业人员不得有下列行为：

（一）收付、存取或者划转期货保证金；

（二）代理客户从事期货交易；

（三）中国证监会禁止的其他行为。

第十九条　机构或者其管理人员对期货从业人员发出违法违规指令的，期货从业人员应当予以抵制，并及时按照所在机构内部程序向高级管理人员或者董事会报告。机构应当及时采取措施妥善处理。

机构未妥善处理的，期货从业人员应当及时向中国证监会或者协会报告。中国证监会和协会应当对期货从业人员的报告行为保密。

机构的管理人员及其他相关人员不得对期货从业人员的上述报告行为打击报复。

第四章　监督管理

第二十条　中国证监会指导和监督协会对期货从业人员的自律管理活动。

第二十一条 协会应当建立期货从业人员信息数据库,公示并且及时更新从业资格注册、诚信记录等信息。

中国证监会及其派出机构履行监管职责,需要协会提供期货从业人员信息和资料的,协会应当按照要求及时提供。

第二十二条 协会应当组织期货从业人员后续职业培训,提高期货从业人员的职业道德和专业素质。

期货从业人员应当按照有关规定参加后续职业培训,其所在机构应予以支持并提供必要保障。

第二十三条 协会应当对期货从业人员的执业行为进行定期或者不定期检查,期货从业人员及其所在机构应当予以配合。

第二十四条 期货从业人员违反本办法以及协会自律规则的,协会应当进行调查、给予纪律惩戒。

期货从业人员涉嫌违法违规需要中国证监会给予行政处罚的,协会应当及时移送中国证监会处理。

第二十五条 协会应当设立专门的纪律惩戒及申诉机构,制订相关制度和工作规程,按照规定程序对期货从业人员进行纪律惩戒,并保障当事人享有申诉等权利。

第二十六条 协会应当自对期货从业人员作出纪律惩戒决定之日起10个工作日内,向中国证监会及其有关派出机构报告,并及时在协会网站公示。

第二十七条 期货从业人员受到机构处分,或者从事的期货业务行为涉嫌违法违规被调查处理的,机构应当在作出处分决定、知悉或者应当知悉该期货从业人员违法违规被调查处理事项之日起10个工作日内向协会报告。

第二十八条 协会应当定期向中国证监会报告期货从业人员管理的有关情况。

第二十九条 期货从业人员违反本办法规定的,中国证监会及其派出机构可以采取责令改正、监管谈话、出具警示函等监管措施。

第三十条 期货从业人员自律管理的具体办法,包括从业资格考试、从业资格注册和公示、执业行为准则、后续职业培训、执业检查、纪律惩戒和申诉等,由协会制订,报中国证监会核准。

第五章 罚 则

第三十一条 未取得从业资格,擅自从事期货业务的,中国证监会责令改正,给予警告,单处或者并处3万元以下罚款。

第三十二条 有下列行为之一的,中国证监会根据《期货交易管理条例》第七十条处罚:

(一)任用无从业资格的人员从事期货业务;

(二)在办理从业资格申请过程中弄虚作假;

（三）不履行本办法第二十三条规定的配合义务；

（四）不按照本办法第二十七条的规定履行报告义务或者报告材料存在虚假内容。

第三十三条　违反本办法第十九条的规定，对期货从业人员进行打击报复的，中国证监会根据《期货交易管理条例》第七十条、第八十一条处罚。

第三十四条　期货从业人员违法违规的，中国证监会依法给予行政处罚。但因被迫执行违法违规指令而按照本办法第十九条第二款的规定履行了报告义务的，可以从轻、减轻或者免予行政处罚。

第三十五条　协会工作人员不按本办法规定履行职责，徇私舞弊、玩忽职守或者故意刁难有关当事人的，协会应当给予纪律处分。

第六章　附　则

第三十六条　本办法自公布之日起施行。2002年1月23日发布的《期货从业人员资格管理办法（修订）》（证监发〔2002〕6号）同时废止。

期货公司首席风险官管理规定（试行）

（中国证券监督管理委员会公告〔2008〕10号）

第一章 总 则

第一条 为了完善期货公司治理结构，加强内部控制和风险管理，促进期货公司依法稳健经营，维护期货投资者合法权益，根据《期货交易管理条例》、《期货公司管理办法》和《期货公司董事、监事和高级管理人员任职资格管理办法》，制定本规定。

第二条 首席风险官是负责对期货公司经营管理行为的合法合规性和风险管理状况进行监督检查的期货公司高级管理人员。

首席风险官向期货公司董事会负责。

第三条 首席风险官应当遵守法律、行政法规、中国证券监督管理委员会（以下简称中国证监会）的规定和公司章程，忠于职守，恪守诚信，勤勉尽责。

第四条 期货公司应当建立并完善相关制度，为首席风险官独立、有效地履行职责提供必要的条件。

第五条 中国证监会及其派出机构依法对首席风险官进行监督管理。

中国期货业协会、期货交易所依法对首席风险官进行自律管理。

第二章 任免与行为规范

第六条 期货公司应当根据公司章程的规定依法提名并聘任首席风险官。期货公司设有独立董事的，还应当经全体独立董事同意。

董事会选聘首席风险官，应当将其是否熟悉期货法律法规、是否诚信守法、是否具备胜任能力以及是否符合规定的任职条件作为主要判断标准。

第七条 期货公司章程应当明确规定首席风险官的任期、职责范围、权利义务、工作报告的程序和方式。

第八条 首席风险官应当具有良好的职业操守和专业素养，及时发现并报告期货公司在经营管理行为的合法合规性和风险管理方面存在的问题或者隐患。

第九条 首席风险官履行职责应当保持充分的独立性，作出独立、审慎、及时的判断，主动回避与本人有利害冲突的事项。

第十条 首席风险官应当保守期货公司的商业秘密和客户信息。

第十一条 首席风险官对于侵害客户和期货公司合法权益的指令或者授意应当予以拒绝；必要时，应当及时向公司住所地中国证监会派出机构报告。

第十二条　首席风险官开展工作应当制作并保留工作底稿和工作记录，真实、充分地反映其履行职责情况。

工作底稿和工作记录应当至少保存20年。

第十三条　首席风险官不得有下列行为：

（一）擅离职守，无故不履行职责或者授权他人代为履行职责；

（二）在期货公司兼任除合规部门负责人以外的其他职务，或者从事可能影响其独立履行职责的活动；

（三）对期货公司经营管理中存在的违法违规行为或者重大风险隐患知情不报、拖延报告或者作虚假报告；

（四）利用职务之便牟取私利；

（五）滥用职权，干预期货公司正常经营；

（六）向与履职无关的第三方泄露期货公司秘密或者客户信息，损害期货公司或者客户的合法权益；

（七）其他损害客户和期货公司合法权益的行为。

第十四条　首席风险官任期届满前，期货公司董事会无正当理由不得免除其职务。

第十五条　首席风险官不能够胜任工作，或者存在第十三条规定的情形和其他违法违规行为的，期货公司董事会可以免除首席风险官的职务。

第十六条　期货公司董事会拟免除首席风险官职务的，应当提前通知本人，并按规定将免职理由、首席风险官履行职责情况及替代人选名单书面报告公司住所地中国证监会派出机构。

被免职的首席风险官可以向公司住所地中国证监会派出机构解释说明情况。

第十七条　期货公司董事会决定免除首席风险官职务时，应当同时确定拟任人选或者代行职责人选，按照有关规定履行相应程序。

第十八条　首席风险官提出辞职的，应当提前30日向期货公司董事会提出申请，并报告公司住所地中国证监会派出机构。

第三章　职责与履职保障

第十九条　首席风险官应当向期货公司总经理、董事会和公司住所地中国证监会派出机构报告公司经营管理行为的合法合规性和风险管理状况。

首席风险官应当按照中国证监会派出机构的要求对期货公司有关问题进行核查，并及时将核查结果报告公司住所地中国证监会派出机构。

第二十条　首席风险官应当对期货公司经营管理中可能发生的违规事项和可能存在的风险隐患进行质询和调查，并重点检查期货公司是否依据法律、行政法规及有关规定，建立健全和有效执行以下制度：

（一）期货公司客户保证金安全存管制度；

（二）期货公司风险监管指标管理制度；

（三）期货公司治理和内部控制制度；

（四）期货公司经纪业务规则、结算业务规则、客户风险管理制度和信息安全制度；

（五）期货公司员工近亲属持仓报告制度；

（六）其他对客户资产安全、交易安全等期货公司持续稳健经营有重要影响的制度。

第二十一条　对于依法委托其他机构从事中间介绍业务的期货公司，除第二十条所列事项外，首席风险官还应当监督检查以下事项：

（一）是否存在非法委托或者超范围委托等情形；

（二）在通知客户追加保证金、客户出入金、与中间介绍机构风险隔离等关键业务环节，期货公司是否有效控制风险；

（三）是否与中间介绍机构建立了介绍业务的对接规则，在办理开户、行情和交易系统的安装维护、客户投诉的接待处理等方面，与中间介绍机构的职责协作程序是否明确且符合规定。

第二十二条　对于取得实行会员分级结算制度的交易所的全面结算业务资格的期货公司，除第二十条所列事项外，首席风险官还应当监督检查以下事项：

（一）是否建立与全面结算业务相适应的结算业务制度和与业务发展相适应的风险管理制度，并有效执行；

（二）是否公平对待本公司客户的权益和受托结算的其他期货公司及其客户的权益，是否存在滥用结算权利侵害受托结算的其他期货公司及其客户的利益的情况。

第二十三条　首席风险官发现期货公司经营管理行为的合法合规性、风险管理等方面存在除本规定第二十四条所列违法违规行为和重大风险隐患之外的其他问题的，应当及时向总经理或者相关负责人提出整改意见。

总经理或者相关负责人对存在问题不整改或者整改未达到要求的，首席风险官应当及时向期货公司董事长、董事会常设的风险管理委员会或者监事会报告，必要时向公司住所地中国证监会派出机构报告。未设监事会的期货公司，可报告监事。

第二十四条　首席风险官发现期货公司有下列违法违规行为或者存在重大风险隐患的，应当立即向公司住所地中国证监会派出机构报告，并向公司董事会和监事会报告：

（一）涉嫌占用、挪用客户保证金等侵害客户权益的；

（二）期货公司资产被抽逃、占用、挪用、查封、冻结或者用于担保的；

（三）期货公司净资本无法持续达到监管标准的；

（四）期货公司发生重大诉讼或者仲裁，可能造成重大风险的；

（五）股东干预期货公司正常经营的；

（六）中国证监会规定的其他情形。

对上述情形，期货公司应当按照公司住所地中国证监会派出机构的整改意见进行整改。首席风险官应当配合整改，并将整改情况向公司住所地中国证监会派出机构报告。

第二十五条 首席风险官根据履行职责的需要，享有下列职权：
（一）参加或者列席与其履职相关的会议；
（二）查阅期货公司的相关文件、档案和资料；
（三）与期货公司有关人员、为期货公司提供审计、法律等中介服务的机构的有关人员进行谈话；
（四）了解期货公司业务执行情况；
（五）公司章程规定的其他职权。

第二十六条 期货公司董事、高级管理人员、各部门应当支持和配合首席风险官的工作，不得以涉及商业秘密或者其他理由限制、阻挠首席风险官履行职责。

第二十七条 期货公司股东、董事不得违反公司规定的程序，越过董事会直接向首席风险官下达指令或者干涉首席风险官的工作。

第四章 监督管理

第二十八条 首席风险官应当在每季度结束之日起 10 个工作日内向公司住所地中国证监会派出机构提交季度工作报告；每年 1 月 20 日前向公司住所地中国证监会派出机构提交上一年度全面工作报告，报告期货公司合规经营、风险管理状况和内部控制状况，以及首席风险官的履行职责情况，包括首席风险官所作的尽职调查、提出的整改意见以及期货公司整改效果等内容。

第二十九条 首席风险官不履行职责或者有第十三条所列行为的，中国证监会及其派出机构可以依照《期货公司董事、监事和高级管理人员任职资格管理办法》对首席风险官采取监管谈话、出具警示函、责令更换等监管措施；情节严重的，认定其为不适当人选。

自被中国证监会及其派出机构认定为不适当人选之日起 2 年内，任何期货公司不得任用该人员担任董事、监事和高级管理人员。

第三十条 期货公司发生严重违规或者出现重大风险，首席风险官未及时履行本规定所要求的报告义务的，应当依法承担相应的法律责任。但首席风险官已按照要求履行报告义务的，中国证监会可以从轻、减轻或者免予行政处罚。

第三十一条 期货公司股东、董事和经理层限制、阻挠首席风险官正常开展工作的，首席风险官可以向中国证监会派出机构报告，中国证监会派出机构依法进行调查和处理。

第三十二条 首席风险官因正当履行职责而被解聘的，中国证监会及其派出机构可以依法对期货公司及相关责任人员采取相应的监管措施。

第三十三条　首席风险官应当按时参加中国证监会组织或者认可的培训。

首席风险官连续两次不参加培训，或者连续两次培训考试成绩不合格的，中国证监会及其派出机构可以采取监管谈话、出具警示函等监管措施。

第三十四条　中国证监会及其派出机构将下列事项记入期货公司及首席风险官诚信档案：

（一）中国证监会及其派出机构对首席风险官采取的监管措施；

（二）首席风险官的培训情况和考试成绩；

（三）中国证监会及其派出机构认定的与首席风险官有关的其他事项。

第五章　附　则

第三十五条　本规定自 2008 年 5 月 1 日起施行。

期货公司金融期货结算业务试行办法

(中国证监会根据《期货交易管理条例》制定)

第一章　总　则

第一条　为了规范期货公司金融期货结算业务，维护期货市场秩序，防范风险，根据《期货交易管理条例》，制定本办法。

第二条　本办法所称期货公司金融期货结算业务，是指期货公司作为实行会员分级结算制度的金融期货交易所（以下简称期货交易所）的结算会员，依据本办法规定从事的结算业务活动。

第三条　期货公司从事金融期货结算业务，应当经中国证券监督管理委员会（以下简称中国证监会）批准，取得金融期货结算业务资格。

第四条　期货公司从事金融期货结算业务，应当遵守本办法。

第五条　中国证监会及其派出机构依法对期货公司从事金融期货结算业务实行监督管理。

中国期货业协会和期货交易所依法对期货公司的金融期货结算业务实行自律管理。

第二章　资格的取得与终止

第六条　期货公司金融期货结算业务资格分为交易结算业务资格和全面结算业务资格。

第七条　期货公司申请金融期货结算业务资格，应当具备下列基本条件：

（一）取得金融期货经纪业务资格；

（二）具有从事金融期货结算业务的详细计划，包括部门设置、人员配置、岗位责任、金融期货结算业务管理制度和风险管理制度等；

（三）结算和风险管理部门或者岗位负责人具有担任期货公司交易、结算或者风险管理部门或者岗位负责人2年以上经历；

（四）具有满足金融期货结算业务需要的期货从业人员；

（五）高级管理人员近2年内未受过刑事处罚，未因违法违规经营受过行政处罚，无不良信用记录，且不存在因涉嫌违法违规经营正在被有权机关调查的情形；

（六）不存在被中国证监会及其派出机构采取《期货交易管理条例》第五十九条第二款、第六十条规定的监管措施的情形；

（七）不存在因涉嫌违法违规经营正在被行政、司法机关立案调查的情形；

（八）近3年内未因违法违规经营受过刑事处罚或者行政处罚，但期货公司控股股东或者实际控制人变更，高级管理人员变更比例超过50%，对出现上述情形负有责任的高级管理人员和业务负责人已不在公司任职，且已整改完成并经期货公司住所地的中国证监会派出机构验收合格的，可不受此限制；

（九）近3年内未出现严重的期货交易、结算风险事件，但期货公司控股股东或者实际控制人变更，高级管理人员变更比例超过50%，对出现上述情形负有责任的高级管理人员和业务负责人已不在公司任职，且已整改完成并经期货公司住所地的中国证监会派出机构验收合格的，可不受此限制；

（十）控股股东和实际控制人持续经营2个以上完整的会计年度；控股股东或者实际控制人为金融机构，在最近2年成立或者重组的，应当自成立或者重组完成之日起持续经营；

（十一）控股股东和实际控制人近2年内未受过刑事处罚，未因违法违规经营受过行政处罚，且不存在因涉嫌违法违规经营正在被有权机关立案调查的情形。

第八条 期货公司申请金融期货交易结算业务资格，除应当具备本办法第七条规定的基本条件外，还应当具备下列条件：

（一）董事长、总经理和副总经理中，至少2人的期货或者证券从业时间在5年以上，其中至少1人的期货从业时间在5年以上且具有期货从业人员资格、连续担任期货公司董事长或者高级管理人员时间在3年以上；

（二）注册资本不低于人民币5 000万元，申请日前2个月的风险监管指标持续符合规定的标准；

（三）申请日前3个会计年度中，至少1年盈利且每季度末客户权益总额平均不低于人民币8 000万元，控股股东期末净资产不低于人民币2亿元；或者控股股东期末净资本不低于人民币5亿元，控股股东不适用净资本或者类似指标的，净资产应当不低于人民币8亿元；

（四）中国证监会根据审慎监管原则规定的其他条件。

第九条 期货公司申请金融期货全面结算业务资格，除应当具备本办法第七条规定的基本条件外，还应当具备下列条件：

（一）董事长、总经理和副总经理中，至少3人的期货或者证券从业时间在5年以上，其中至少2人的期货从业时间在5年以上且具有期货从业人员资格、连续担任期货公司董事长或者高级管理人员时间在3年以上；

（二）注册资本不低于人民币1亿元，申请日前2个月的风险监管指标持续符合规定的标准；

（三）申请日前3个会计年度连续盈利、每季度末客户权益总额平均不低于人民币3亿元，控股股东期末净资产不低于人民币10亿元；或者申请日前3个会计年度中，至少2年盈利且每季度末客户权益总额平均不低于人民币1亿元，控股股东期末净资本不低于人民币10亿元，控股股东不适用净资本或者类似指标的，净资产应当不低于人民币15亿元；

（四）中国证监会根据审慎监管原则规定的其他条件。

第十条 期货公司申请金融期货结算业务资格，应当向中国证监会提交下列申请材料：

（一）金融期货结算业务资格申请书；

（二）加盖公司公章的营业执照复印件和金融期货经纪业务资格证明文件；

（三）股东会或者董事会关于期货公司申请金融期货结算业务资格的决议文件；

（四）从事金融期货结算业务的计划书；

（五）《高级管理人员情况表》、《主要部门负责人情况表》和《从业人员情况表》；

（六）申请日前2个月月末的期货公司风险监管报表，及申请日前2个月的风险监管指标持续符合规定标准的书面保证；

（七）经具有证券、期货相关业务资格的会计师事务所审计的前3个会计年度财务报告；申请日在下半年的，还应当提供经审计的半年度财务报告；

（八）申请日前3个会计年度每季度末客户权益总额情况表；

（九）经具有证券、期货相关业务资格的会计师事务所审计的控股股东最近一期的财务报告；

（十）律师事务所就期货公司是否符合本办法第七条第（五）项、第（七）项至第（十一）项规定的条件，以及股东会或者董事会决议是否合法出具的法律意见书；

（十一）存在本办法第七条第（八）项或者第（九）项规定情形的，还应当提供期货公司住所地的中国证监会派出机构出具的整改验收合格的专项意见书；

（十二）中国证监会规定的其他材料。

第十一条 中国证监会在受理金融期货结算业务资格申请之日起3个月内，做出批准或者不批准的决定。

第十二条 期货公司取得金融期货结算业务资格后，应当向期货交易所申请相应结算会员资格。

期货公司取得金融期货结算业务资格之日起6个月内，未取得期货交易所结算会员资格的，金融期货结算业务资格自动失效。

第十三条 只取得金融期货经纪业务资格的期货公司，可以向期货交易所申请非结算会员资格。

第十四条 取得金融期货结算业务资格的期货公司在终止金融期货结算业务前，应当结清相关期货业务，并依法返还客户的保证金和其他资产。受托为非结算会员结算的，还应当返还非结算会员的保证金和其他资产。

第三章 业务规则

第十五条 取得期货交易所交易结算会员资格的期货公司（以下简称交易结算

会员期货公司）可以受托为客户办理金融期货结算业务，不得接受非结算会员的委托为其办理金融期货结算业务。

第十六条 取得期货交易所全面结算会员资格的期货公司（以下简称全面结算会员期货公司），可以受托为其客户以及非结算会员办理金融期货结算业务。

第十七条 全面结算会员期货公司为非结算会员结算，应当签订结算协议。结算协议应当包括下列内容：

（一）交易指令下达方式及审查或者验证措施；

（二）保证金标准；

（三）非结算会员结算准备金最低余额；

（四）风险管理措施、条件及程序；

（五）结算流程；

（六）通知事项、方式及时限；

（七）不可归责于协议双方当事人所造成损失的情形及其处理方式；

（八）协议变更和解除；

（九）违约责任；

（十）争议处理方式；

（十一）双方约定且不违反法律、行政法规规定的其他事项。

第十八条 非结算会员的客户申请或者注销其交易编码的，由非结算会员按照期货交易所的规定办理。

第十九条 非结算会员下达的交易指令应当经全面结算会员期货公司审查或者验证后进入期货交易所。全面结算会员期货公司可以按照结算协议的约定对非结算会员的指令采取必要的限制措施。

第二十条 非结算会员下达的交易指令进入期货交易所后，期货交易所应当及时将委托回报和成交结果反馈给全面结算会员期货公司和非结算会员。

非结算会员对委托回报和成交结果有异议的，应当及时向全面结算会员期货公司和期货交易所提出。

第二十一条 全面结算会员期货公司应当在期货保证金存管银行开设期货保证金账户，用于存放其客户和非结算会员的保证金。

全面结算会员期货公司的期货保证金账户应当与其自有资金账户相互独立、分别管理。

全面结算会员期货公司应当为每个非结算会员开立一个内部专门账户，明细核算。

第二十二条 非结算会员是期货公司的，其与全面结算会员期货公司期货业务资金往来，只能通过各自的期货保证金账户办理。

非结算会员的客户出入金，只能通过非结算会员的期货保证金账户办理。

第二十三条 全面结算会员期货公司向非结算会员收取的保证金除用于非结算

会员的期货交易外，任何机构或者个人不得占用、挪用。

非结算会员向客户收取的保证金属于客户所有，除用于客户的期货交易外，任何机构或者个人不得占用、挪用。

第二十四条　全面结算会员期货公司和非结算会员在结算协议中约定全面结算会员期货公司的期货保证金账户中非结算会员结算准备金最低余额的，应当符合中国证监会、期货交易所的有关规定。结算准备金最低余额应当由非结算会员以自有资金向全面结算会员期货公司缴纳。

第二十五条　全面结算会员期货公司应当按照结算协议约定的保证金标准向非结算会员收取保证金。

全面结算会员期货公司向非结算会员收取的保证金，不得低于期货交易所向全面结算会员期货公司收取的保证金标准。

第二十六条　全面结算会员期货公司应当建立并执行当日无负债结算制度。

期货交易所对全面结算会员期货公司结算后，全面结算会员期货公司应当根据期货交易所结算结果及时对非结算会员进行结算，并出具交易结算报告。

全面结算会员期货公司对非结算会员的所有结算科目的内容、格式、处理方式和处理日期应当与期货交易所保持一致。

全面结算会员期货公司应当确保交易结算报告真实、准确和完整。

第二十七条　非结算会员向期货交易所支付的手续费，由期货交易所从全面结算会员期货公司期货保证金账户中划拨。

第二十八条　除下列情形外，全面结算会员期货公司不得划转非结算会员保证金：

（一）依据非结算会员的要求支付可用资金；

（二）收取非结算会员应当交存的保证金；

（三）收取非结算会员应当支付的手续费、税款及其他费用；

（四）双方约定且不违反法律、行政法规规定的其他情形。

第二十九条　非结算会员应当按照结算协议约定的时间和方式查询交易结算报告。

第三十条　非结算会员对交易结算报告的内容有异议的，应当在结算协议约定的时间内书面向全面结算会员期货公司提出异议；非结算会员对交易结算报告的内容无异议的，应当按照结算协议约定的方式确认。非结算会员在结算协议约定的时间内既未对交易结算报告的内容确认，也未提出异议的，视为对交易结算报告内容的确认。

非结算会员有异议的，全面结算会员期货公司应当在结算协议约定的时间内予以核实。

第三十一条　全面结算会员期货公司应当按照中国证监会、期货交易所的规定，建立对非结算会员的保证金管理制度。

期货法律法规

全面结算会员期货公司可以根据非结算会员的资信及市场情况调整保证金标准。

第三十二条 全面结算会员期货公司应当按照期货交易所的规定，建立并执行对非结算会员的限仓制度。

第三十三条 非结算会员客户的持仓达到期货交易所规定的持仓报告标准的，客户应当通过非结算会员向期货交易所报告。客户未报告的，非结算会员应当向期货交易所报告。

第三十四条 非结算会员的结算准备金余额低于规定或者约定最低余额的，应当及时追加保证金或者自行平仓。非结算会员未在结算协议约定的时间内追加保证金或者自行平仓的，全面结算会员期货公司有权对该非结算会员的持仓强行平仓。

第三十五条 非结算会员的结算准备金余额小于零并未能在约定时间内补足的，全面结算会员期货公司应当按照约定的原则和措施对非结算会员或者其客户的持仓强行平仓。

除前款规定外，全面结算会员期货公司可以与非结算会员在结算协议中约定应予强行平仓的其他情形。

第三十六条 期货交易所开市前，非结算会员结算准备金余额小于规定或者约定最低余额的，全面结算会员期货公司应当禁止其开仓。

第三十七条 非结算会员在期货交易中违约的，应当承担违约责任。

全面结算会员期货公司先以该非结算会员的保证金承担该非结算会员的违约责任；保证金不足的，全面结算会员期货公司应当以风险准备金和自有资金代为承担违约责任，并由此取得对该非结算会员的相应追偿权。

第三十八条 全面结算会员期货公司认为必要的，可以对非结算会员进行风险提示。

★考点回顾｜多选

非结算会员对委托回报和成交结果有异议的，应当及时向（   ）提出。

A. 中国期货业协会　　　　　B. 期货交易所
C. 中国证监会　　　　　　　D. 全面结算会员期货公司

【答案】BD

第四章　监督管理

第三十九条 全面结算会员期货公司、交易结算会员期货公司应当按照《期货交易所管理办法》和期货交易所交易规则及其实施细则的规定行使结算会员的权利，履行结算会员的义务。

第四十条 全面结算会员期货公司、交易结算会员期货公司应当以自有资金向期货交易所缴纳结算担保金。

全面结算会员期货公司不得向非结算会员收取结算担保金。

第四十一条 期货公司被期货交易所接纳为会员、暂停或者终止会员资格的，应当在收到期货交易所的通知文件之日起3个工作日内向期货公司住所地的中国证监会派出机构报告。

第四十二条 全面结算会员期货公司与非结算会员签订、变更或者终止结算协议的，应当在签订、变更或者终止结算协议之日起3个工作日内向协议双方住所地的中国证监会派出机构、期货交易所和期货保证金安全存管监控机构报告。

第四十三条 全面结算会员期货公司应当建立并实施风险管理、内部控制等制度，保证金融期货结算业务正常进行，确保非结算会员及其客户资金安全。

第四十四条 全面结算会员期货公司应当谨慎、勤勉地办理金融期货结算业务，控制金融期货结算业务风险；建立金融期货结算业务风险隔离机制和保密制度，平等对待本公司客户、非结算会员及其客户，防范利益冲突，不得利用结算业务关系及由此获得的信息损害非结算会员及其客户的合法权益。

非结算会员应当谨慎、勤勉地控制其客户交易风险，不得利用结算业务关系损害为其结算的全面结算会员期货公司及其客户的合法权益。

第四十五条 全面结算会员期货公司应当在定期报告中向中国证监会派出机构报告下列事项：

（一）非结算会员名单及其变化情况；

（二）金融期货结算业务所涉及的内部控制制度的执行情况；

（三）金融期货结算业务所涉及的风险管理制度的执行情况；

（四）中国证监会规定的其他事项。

第四十六条 全面结算会员期货公司调整非结算会员结算准备金最低余额的，应当在当日结算前向期货交易所和期货保证金安全存管监控机构报告。

第四十七条 全面结算会员期货公司应当按规定向期货保证金安全存管监控机构报送非结算会员及非结算会员客户的相关信息。

考点回顾｜单选

全面结算会员期货公司应当以（　　）向期货交易所缴纳结算担保金。
A. 非结算会员保证金　　B. 客户保证金
C. 风险准备金　　　　　D. 自有资金
【答案】D

第五章 附 则

第四十八条 本办法自发布之日起施行。

期货公司风险监管指标管理办法

(中国证券监督管理委员会令第131号 2017年4月18日)

《期货公司风险监管指标管理办法》已经2017年2月7日中国证券监督管理委员会2017年第1次主席办公会议审议通过,现予公布,自2017年10月1日起施行。

第一章 总 则

第一条 为了加强期货公司监督管理,促进期货公司加强内部控制、防范风险、稳健发展,根据《期货交易管理条例》,制定本办法。

第二条 期货公司应当按照中国证券监督管理委员会(以下简称中国证监会)的有关规定计算风险监管指标。

第三条 中国证监会可以根据审慎监管原则,结合期货市场与期货行业发展状况,在征求行业意见基础上对期货公司风险监管指标标准及计算要求进行动态调整,并为调整事项的实施作出过渡性安排。

第四条 期货公司应当建立与风险监管指标相适应的内部控制制度及风险管理制度,建立动态的风险监控和资本补充机制,确保净资本等风险监管指标持续符合标准。

第五条 期货公司应当及时根据监管要求、市场变化及业务发展情况对公司风险监管指标进行压力测试。

压力测试结果显示潜在风险超过期货公司承受能力的,期货公司应当采取有效措施,及时补充资本或控制业务规模,将风险控制在可承受范围内。

第六条 期货公司应当聘请具备证券、期货相关业务资格的会计师事务所对期货公司年度风险监管报表进行审计。

会计师事务所及其注册会计师应当勤勉尽责,对出具报告所依据的文件资料内容的真实性、准确性和完整性进行核查和验证,并对出具审计报告的合法性和真实性负责。

第七条 中国证监会及其派出机构按照法律、行政法规及本办法的规定,对期货公司风险监管指标是否符合标准,期货公司编制、报送风险监管报表相关活动实施监督管理。

第二章 风险监管指标的计算要求

第八条 期货公司应当持续符合以下风险监管指标标准:

（一）净资本不得低于人民币 3 000 万元；
（二）净资本与公司风险资本准备的比例不得低于 100%；
（三）净资本与净资产的比例不得低于 20%；
（四）流动资产与流动负债的比例不得低于 100%；
（五）负债与净资产的比例不得高于 150%；
（六）规定的最低限额结算准备金要求。

第九条 中国证监会对风险监管指标设置预警标准。规定"不得低于"一定标准的风险监管指标，其预警标准是规定标准的 120%，规定"不得高于"一定标准的风险监管指标，其预警标准是规定标准的 80%。

最低限额结算准备金不设预警标准。

第十条 期货公司净资本是在净资产基础上，按照变现能力对资产负债项目及其他项目进行风险调整后得出的综合性风险监管指标。

净资本的计算公式为：净资本＝净资产－资产调整值＋负债调整值－/＋其他调整项。

第十一条 期货公司风险资本准备是指期货公司在开展各项业务过程中，为应对可能发生的风险损失所需要的资本。

第十二条 最低限额结算准备金是指期货公司按照交易所及登记结算机构的有关要求以自有资金缴存用于履约担保的最低金额。

第十三条 期货公司计算净资本时，应当按照企业会计准则的规定充分计提资产减值准备、确认预计负债。

中国证监会派出机构可以要求期货公司对资产减值准备计提的充足性和合理性、预计负债确认的完整性进行专项说明，并要求期货公司聘请具有证券、期货业务资格的会计师事务所出具鉴证意见；有证据表明期货公司未能充分计提资产减值准备或未能准确确认预计负债的，中国证监会派出机构应当要求期货公司相应核减净资本金额。

第十四条 期货公司应当根据期末未决诉讼、未决仲裁等或有事项的性质、涉及金额、形成原因、进展情况、可能发生的损失和预计损失进行会计处理，在计算净资本时按照一定比例扣减，并在风险监管报表附注中予以说明。

第十五条 期货公司借入次级债务、向股东或者其关联企业借入具有次级债务性质的长期借款以及其他清偿顺序在普通债之后的债务，可以按照规定计入净资本。

期货公司应当在相关事项完成后 5 个工作日内向住所地中国证监会派出机构报告。

期货公司不得互相持有次级债务。

第十六条 中国证监会及其派出机构认为期货公司开展某项业务存在未预期风险特征的，可以根据潜在风险状况确定所需资本规模，并要求期货公司补充计提风险资本准备。

考点回顾 | 单选

期货公司的净资本与净资产比例不得低于（　　）。

A. 50％　　　　B. 40％　　　　C. 30％　　　　D. 20％

【答案】D

第三章　编制和披露

第十七条　期货公司应当按照中国证监会规定的方式编制并报送风险监管报表。中国证监会可以根据监管需要及行业发展情况调整风险监管报表的编制及报送要求。

中国证监会派出机构可以根据审慎监管原则，要求期货公司不定期编制并报送风险监管报表，或要求期货公司在一段时期内提高风险监管报表的报送频率。

第十八条　期货公司法定代表人、经营管理主要负责人、首席风险官、财务负责人应当在风险监管报表上签字确认，并应当保证其真实、准确、完整。上述人员对风险监管报表内容持有异议的，应当书面说明意见和理由，向期货公司住所地中国证监会派出机构报告。

第十九条　期货公司应当保留书面月度及年度风险监管报表，法定代表人、经营管理主要负责人、首席风险官、财务负责人等责任人员应当在书面报表上签字，并加盖公司印章。风险监管报表的保存期限应当不少于5年。

第二十条　期货公司应当每半年向公司董事会提交书面报告，说明各项风险监管指标的具体情况，该报告应当经期货公司法定代表人签字确认。该报告经董事会审议通过后，应当向期货公司全体股东提交或进行信息披露。

第二十一条　净资本与风险资本准备的比例与上月相比向不利方向变动超过20％的，期货公司应当向公司住所地中国证监会派出机构提交书面报告，说明原因，并在5个工作日内向全体董事提交书面报告。

第二十二条　期货公司风险监管指标达到预警标准的，期货公司应当于当日向全体董事提交书面报告，详细说明原因、对期货公司的影响、解决问题的具体措施和期限，书面报告应当同时抄送期货公司住所地中国证监会派出机构。

期货公司风险监管指标不符合规定标准的，期货公司除履行上述程序外，还应当及时向全体股东报告或进行信息披露。

考点回顾 | 单选

期货公司风险监管报表的保存期限应当不少于（　　）年。

A. 3　　　　B. 4　　　　C. 5　　　　D. 7

【答案】C

第四章 监督管理

第二十三条 中国证监会派出机构应当对期货公司风险监管指标的计算过程及计算结果的真实性、准确性、完整性进行定期或者不定期检查。

中国证监会派出机构可以根据监管需要，要求期货公司聘请具有证券、期货相关业务资格的会计师事务所对其风险监管报表进行专项审计。

第二十四条 期货公司的风险监管报表被相关会计师事务所出具了保留意见、带强调事项段或其他事项段无保留意见的，期货公司应当自审计意见出具的5个工作日内就涉及事项对风险监管指标的影响进行专项说明，并向住所地中国证监会派出机构进行书面报告。中国证监会派出机构可以视情况要求期货公司限期改正并重新编制风险监管报表；期货公司未限期改正的，中国证监会派出机构可以认定其风险监管指标不符合规定标准。

期货公司的风险监管报表被相关会计师事务所出具了无法表示意见或者否定意见的，中国证监会派出机构可以认定其风险监管指标不符合规定标准。

第二十五条 期货公司未按期报送风险监管报表或者报送的风险监管报表存在虚假记载、误导性陈述、重大遗漏的，中国证监会派出机构应当要求期货公司限期报送或者补充更正。

期货公司未在限期内报送或者补充更正的，公司住所地中国证监会派出机构应当进行现场检查；发现期货公司违反企业会计准则和本办法有关规定的，可以认定其风险监管指标不符合规定标准。

第二十六条 期货公司报送的风险监管报表存在漏报、错报，影响中国证监会及其派出机构对期货公司风险状况判断的，中国证监会派出机构应当要求期货公司立即报送更正的风险监管报表，并可以视情况采取出具警示函、监管谈话等监管措施。

第二十七条 期货公司风险监管指标达到预警标准的，进入风险预警期。风险预警期内，中国证监会派出机构可视情况采取以下措施：

（一）要求期货公司制定风险监管指标改善方案并定期对监管指标的改善情况进行书面报告；

（二）要求期货公司进行重大业务决策时，应当至少提前5个工作日向住所地中国证监会派出机构报送临时报告，说明有关业务对风险监管指标的影响；

（三）要求期货公司增加内部合规检查的频率，并提交合规检查报告。

期货公司未能有效履行相关要求的，中国证监会派出机构可以视情况采取出具警示函、监管谈话等监管措施。

第二十八条 期货公司风险监管指标优于预警标准并连续保持3个月的，风险预警期结束。

第二十九条 期货公司风险监管指标不符合规定标准的，中国证监会派出机构应当在知晓相关情况后 2 个工作日内对期货公司不符合规定标准的情况和原因进行核实，视情况对期货公司及其董事、监事和高级管理人员采取谈话、提示、记入信用记录等监管措施，并责令期货公司限期整改，整改期限不得超过 20 个工作日。

第三十条　经过整改，期货公司风险监管指标符合规定标准的，应当向住所地中国证监会派出机构报告，中国证监会派出机构应当进行验收。

期货公司风险监管指标符合规定标准的，中国证监会派出机构应当自验收合格之日起 3 个工作日内解除对期货公司采取的有关措施。

第三十一条　期货公司逾期未改正或者经过整改风险监管指标仍不符合规定标准的，中国证监会及其派出机构可以依据《期货交易管理条例》第五十五条采取监管措施。

第三十二条　期货公司违反本办法规定的，中国证监会及其派出机构可以依据《期货交易管理条例》第六十六条的规定处罚。

第五章　附　则

第三十三条　本办法相关用语含义如下：

（一）风险监管报表是期货公司编制的反映各项风险监管指标计算过程及计算结果的报表。

（二）资产、流动资产是指期货公司的自身资产，不含客户保证金。

（三）负债、流动负债是指期货公司的对外负债，不含客户权益。

（四）重大业务，是指可能导致期货公司风险监管指标发生 10％以上变化的业务。

第三十四条　本办法自 2017 年 10 月 1 日起施行。《期货公司风险监管指标管理试行办法》（证监发〔2007〕55 号公布、证监会公告〔2013〕12 号修订）、《关于期货公司风险资本准备计算标准的规定》（证监会公告〔2013〕13 号）同时废止。

证券公司为期货公司提供中间介绍业务试行办法

(中国证监会根据《期货交易管理条例》的有关规定制定)

第一章 总 则

第一条 为了规范证券公司为期货公司提供中间介绍业务活动，防范和隔离风险，促进期货市场积极稳妥发展，根据《期货交易管理条例》，制定本办法。

第二条 本办法所称证券公司为期货公司提供中间介绍业务（以下简称介绍业务），是指证券公司接受期货公司委托，为期货公司介绍客户参与期货交易并提供其他相关服务的业务活动。

第三条 证券公司从事介绍业务，应当依照本办法的规定取得介绍业务资格，审慎经营，并对通过其营业部开展的介绍业务实行统一管理。

第四条 中国证券监督管理委员会（以下简称中国证监会）及其派出机构依法对证券公司的介绍业务活动实行监督管理。

相关自律性组织依法对介绍业务活动实行自律管理。

第二章 资格条件与业务范围

第五条 证券公司申请介绍业务资格，应当符合下列条件：

（一）申请日前6个月各项风险控制指标符合规定标准；

（二）已按规定建立客户交易结算资金第三方存管制度；

（三）全资拥有或者控股一家期货公司，或者与一家期货公司被同一机构控制，且该期货公司具有实行会员分级结算制度期货交易所的会员资格、申请日前2个月的风险监管指标持续符合规定的标准；

（四）配备必要的业务人员，公司总部至少有5名、拟开展介绍业务的营业部至少有2名具有期货从业人员资格的业务人员；

（五）已按规定建立健全与介绍业务相关的业务规则、内部控制、风险隔离及合规检查等制度；

（六）具有满足业务需要的技术系统；

（七）中国证监会根据市场发展情况和审慎监管原则规定的其他条件。

第六条 本办法第五条第（一）项所称风险控制指标标准是指：

（一）净资本不低于12亿元；

（二）流动资产余额不低于流动负债余额（不包括客户交易结算资金和客户委托管理资金）的150%；

（三）对外担保及其他形式的或有负债之和不高于净资产的 10%，但因证券公司发债提供的反担保除外；

（四）净资本不低于净资产的 70%。

中国证监会可以根据市场发展情况和审慎监管原则对前款标准进行调整。

第七条 证券公司申请介绍业务，应当向中国证监会提交下列申请材料：

（一）介绍业务资格申请书；

（二）董事会关于从事介绍业务的决议，公司章程规定该决议由股东会或者股东大会做出的，应提供股东会或者股东大会的决议；

（三）净资本等指标的计算表及相关说明；

（四）客户交易结算资金独立存管制度实施情况说明及客户交易结算资金第三方存管制度文本；

（五）分管介绍业务的有关负责人简历、相关业务人员简历、期货从业人员资格证明；

（六）关于介绍业务的业务规则、内部控制、风险隔离和合规检查等制度文本；

（七）关于技术系统准备情况的说明；

（八）全资拥有或者控股期货公司，或者与期货公司被同一机构控制的情况说明，该期货公司在申请日前 2 个月月末的风险监管报表；

（九）与期货公司拟签订的介绍业务委托协议文本。

第八条 中国证监会自受理申请材料之日起 20 个工作日内，作出批准或者不予批准的决定。

第九条 证券公司受期货公司委托从事介绍业务，应当提供下列服务：

（一）协助办理开户手续；

（二）提供期货行情信息、交易设施；

（三）中国证监会规定的其他服务。

证券公司不得代理客户进行期货交易、结算或者交割，不得代期货公司、客户收付期货保证金，不得利用证券资金账户为客户存取、划转期货保证金。

第十条 证券公司从事介绍业务，应当与期货公司签订书面委托协议。委托协议应当载明下列事项：

（一）介绍业务的范围；

（二）执行期货保证金安全存管制度的措施；

（三）介绍业务对接规则；

（四）客户投诉的接待处理方式；

（五）报酬支付及相关费用的分担方式；

（六）违约责任；

（七）中国证监会规定的其他事项。

双方可以在委托协议中约定前款规定以外的其他事项，但不得违反法律、行政法规和本办法的规定，不得损害客户的合法权益。

证券公司按照委托协议对期货公司承担介绍业务受托责任。基于期货经纪合同的责任由期货公司直接对客户承担。

第十一条　证券公司与期货公司签订、变更或者终止委托协议的，双方应当在5个工作日内报各自所在地的中国证监会派出机构备案。

考点回顾 | 单选

下列选项中，不属于证券公司申请介绍业务资格条件的是（　　）。
A. 申请日前3个月各项风险控制指标符合规定标准
B. 已按规定建立客户交易结算资金第三方存管制度
C. 具有满足业务需要的技术系统
D. 中国证监会根据市场发展情况和审慎监管原则规定的其他条件

【答案】A

第三章　业 务 规 则

第十二条　证券公司只能接受其全资拥有或者控股的、或者被同一机构控制的期货公司的委托从事介绍业务，不能接受其他期货公司的委托从事介绍业务。

第十三条　证券公司应当按照合规、审慎经营的原则，制定并有效执行介绍业务规则、内部控制、合规检查等制度，确保有效防范和隔离介绍业务与其他业务的风险。

第十四条　期货公司与证券公司应当建立介绍业务的对接规则，明确办理开户、行情和交易系统的安装维护、客户投诉的接待处理等业务的协作程序和规则。

第十五条　证券公司与期货公司应当独立经营，保持财务、人员、经营场所等分开隔离。

第十六条　证券公司应当根据内部控制和风险隔离制度的规定，指定有关负责人和有关部门负责介绍业务的经营管理。

证券公司应当配备足够的具有期货从业人员资格的业务人员，不得任用不具有期货从业人员资格的业务人员从事介绍业务。

证券公司从事介绍业务的工作人员不得进行期货交易。

第十七条　证券公司应当在其经营场所显著位置或者其网站，公开下列信息：
（一）受托从事的介绍业务范围；
（二）从事介绍业务的管理人员和业务人员的名单和照片；
（三）期货公司期货保证金账户信息、期货保证金安全存管方式；
（四）客户开户和交易流程、出入金流程；
（五）交易结算结果查询方式；
（六）中国证监会规定的其他信息。

中国证监会及其派出机构可以根据审慎监管原则，要求证券公司调整相关信息的公开方式。

第十八条 证券公司为期货公司介绍客户时，应当向客户明示其与期货公司的介绍业务委托关系，解释期货交易的方式、流程及风险，不得作获利保证、共担风险等承诺，不得虚假宣传，误导客户。

第十九条 证券公司应当建立完备的协助开户制度，对客户的开户资料和身份真实性等进行审查，向客户充分揭示期货交易风险，解释期货公司、客户、证券公司三者之间的权利义务关系，告知期货保证金安全存管要求。

证券公司应当及时将客户开户资料提交期货公司，期货公司应当复核后与客户签订期货经纪合同，办理开户手续。

第二十条 证券公司介绍其控股股东、实际控制人等开户的，证券公司应当将其期货账户信息报所在地中国证监会派出机构备案，并按照中国证监会的规定履行信息披露义务。

第二十一条 证券公司不得代客户下达交易指令，不得利用客户的交易编码、资金账号或者期货结算账户进行期货交易，不得代客户接收、保管或者修改交易密码。

第二十二条 证券公司不得直接或者间接为客户从事期货交易提供融资或者担保。

第二十三条 期货、现货市场行情发生重大变化或者客户可能出现风险时，证券公司及其营业部可以协助期货公司向客户提示风险。

第二十四条 证券公司应当协助维护期货交易系统的稳定运行，保证期货交易数据传送的安全和独立。

第二十五条 证券公司应当在营业场所妥善保存有关介绍业务的凭证、单据、账簿、报表、合同、数据信息等资料。

证券公司保存上述文件资料的期限不得少于5年。

第二十六条 证券公司应当建立并有效执行介绍业务的合规检查制度。

证券公司应当定期对介绍业务规则、内部控制、风险隔离等制度的执行情况和营业部介绍业务的开展情况进行检查，每半年向中国证监会派出机构报送合规检查报告。

发生重大事项的，证券公司应当在2个工作日内向所在地中国证监会派出机构报告。

考点回顾 多选

证券公司应当按照合规、审慎经营的原则，制定并有效执行（　　）等制度，确保有效防范和隔离介绍业务与其他业务的风险。

A. 介绍业务规则　　　　　　B. 内部控制
C. 合规检查　　　　　　　　D. 财务审计

【答案】ABC

第四章 监督管理

第二十七条 中国证监会及其派出机构按照审慎监管原则,对证券公司从事的介绍业务进行现场检查和非现场检查。

第二十八条 证券公司应当按照中国证监会的规定披露介绍业务的相关信息,报送介绍业务的相关文件、资料及数据信息。

第二十九条 证券公司取得介绍业务资格后不符合本办法第五条、第六条规定条件的,中国证监会及其派出机构责令其限期整改;经限期整改仍不符合条件的,中国证监会依法撤销其介绍业务资格。

第三十条 证券公司违反本办法第三章业务规则的,中国证监会及其派出机构可以采取责令限期整改、监管谈话、出具警示函等监管措施;逾期未改正,其行为可能危及期货公司的稳健运行、损害客户合法权益的,中国证监会可以责令期货公司终止与该证券公司的介绍业务关系。

第三十一条 证券公司因其他业务涉嫌违法违规或者出现重大风险被暂停、限制业务或者撤销业务资格的,中国证监会可以责令期货公司终止与该证券公司的介绍业务关系。

第三十二条 证券公司有下列行为之一的,按照《期货交易管理条例》第七十条进行处罚:

(一)未经许可擅自开展介绍业务;

(二)对客户未充分揭示期货交易风险,进行虚假宣传,误导客户;

(三)代理客户进行期货交易、结算或者交割;

(四)收付、存取或者划转期货保证金;

(五)为客户从事期货交易提供融资或者担保;

(六)未按规定审查客户的开户资料和身份真实性;

(七)代客户下达交易指令;

(八)利用客户的交易编码、资金账号或者期货结算账户进行期货交易;

(九)未将介绍业务与其他经营业务分开或者有效隔离;

(十)未将财务、人员、经营场所与期货公司分开隔离;

(十一)拒绝、阻碍中国证监会及其派出机构依法履行职责。

第五章 附 则

第三十三条 本办法自发布之日起施行。

期货法律法规

期货市场客户开户管理规定

(2009年8月27日中国证券监督管理委员会公布，根据2012年2月2日中国证券监督管理委员会《关于修改〈期货市场客户开户管理规定〉的决定》修订)

第一章 总则

第一条 为加强期货市场监管，保护客户合法权益，维护期货市场秩序，防范风险，提高市场运行效率，根据《期货交易管理条例》、《期货交易所管理办法》、《期货公司管理办法》等行政法规和规章，制定本规定。

第二条 期货公司为客户开立账户，应当对客户开户资料进行审核，确保开户资料的合规、真实、准确和完整。

第三条 中国期货保证金监控中心有限责任公司（以下简称监控中心）负责客户开户管理的具体实施工作。期货公司为客户申请、注销各期货交易所交易编码，应当统一通过监控中心办理。

第四条 监控中心应当建立和维护期货市场客户统一开户系统（以下简称统一开户系统），对期货公司提交的客户资料进行复核，并将通过复核的客户资料转发给相关期货交易所。

第五条 期货交易所收到监控中心转发的客户交易编码申请资料后，根据期货交易所业务规则对客户交易编码进行分配、发放和管理，并将各类申请的处理结果通过监控中心反馈期货公司。

第六条 监控中心应当为每一个客户设立统一开户编码，并建立统一开户编码与客户在各期货交易所交易编码的对应关系。

第七条 中国证券监督管理委员会（以下简称中国证监会）及其派出机构依法对期货市场客户开户实行监督管理。

中国期货业协会、期货交易所依法对期货市场客户开户实行自律管理。

> **考点回顾 单选**
>
> 根据《期货市场客户开户管理规定》的规定，中国期货保证金监控中心应当为每一个客户设立（　　）。
>
> A. 结算账户　　　　　　B. 交易编码
> C. 资金账号　　　　　　D. 统一开户编码
>
> 【答案】D

第二章 客户开户及交易编码申请

第八条 客户开户应当符合《期货交易管理条例》及中国证监会有关规定,并遵守以下实名制要求:

(一)个人客户应当本人亲自办理开户手续,签署开户资料,不得委托代理人代为办理开户手续。除中国证监会另有规定外,个人客户的有效身份证明文件为中华人民共和国居民身份证;

(二)单位客户应当出具单位客户的授权委托书、代理人的身份证和其他开户证件。除中国证监会另有规定外,一般单位客户的有效身份证明文件为组织机构代码证和营业执照;证券公司、基金管理公司、信托公司和其他金融机构,以及社会保障类公司、合格境外机构投资者等法律、行政法规和规章规定的需要资产分户管理的特殊单位客户,其有效身份证明文件由监控中心另行规定;

(三)期货经纪合同、期货结算账户中客户姓名或者名称与其有效身份证明文件中的姓名或者名称一致;

(四)在期货经纪合同及其他开户资料中真实、完整、准确地填写客户资料信息。

第九条 期货公司应当对客户进行以下实名制审核:

(一)对照有效身份证明文件,核实个人客户是否本人亲自开户,核实单位客户是否由经授权的代理人开户;

(二)确保客户交易编码申请表、期货结算账户登记表、期货经纪合同等开户资料所记载的客户姓名或者名称与其有效身份证明文件中的姓名或者名称一致。

第十条 客户开户时,期货公司应当实时采集并保存客户以下影像资料:

(一)个人客户头部正面照和身份证正反面扫描件;

(二)单位客户开户代理人头部正面照、开户代理人身份证正反面扫描件、单位客户有效身份证明文件扫描件。

第十一条 证券公司依法接受期货公司委托协助办理开户手续的,应当按照本规定的要求对照核实客户真实身份,核对客户期货结算账户户名与其有效身份证明文件中姓名或者名称一致,采集并留存客户影像资料,并随同其他开户资料一并提交期货公司审核开户和存档。

第十二条 期货公司应当按照监控中心规定的格式要求采集并以电子文档方式在公司总部集中统一保存客户影像资料,并随其他开户材料一并存档备查。各营业部也应当保存所办理的客户开户资料及其影像资料。

第十三条 期货公司不得与不符合实名制要求的客户签署期货经纪合同,也不得为未签订期货经纪合同的客户申请交易编码。

第十四条 期货公司为客户申请交易编码,应当向监控中心提交客户交易编码申请。客户交易编码申请填写内容应当完整并与期货经纪合同所记载的内容一致。

第十五条 期货公司为单位客户申请交易编码时,应当按照规定要求向监控中心提交该单位客户的有效身份证明文件扫描件。

第十六条　期货公司应当按照规定要求定期向监控中心提交客户的以下资料：

（一）个人客户的头部正面照和身份证正反面扫描件；

（二）单位客户的开户代理人头部正面照和身份证正反面扫描件。

第十七条　监控中心应当按以下标准对期货公司提交的客户交易编码申请表及其他相关资料进行复核：

（一）客户交易编码申请表内容完整性、格式正确性；

（二）个人客户姓名和身份证号码与全国公民身份信息查询服务系统反馈结果的一致性；

（三）一般单位客户名称和组织机构代码证号码与全国组织机构代码管理中心反馈结果的一致性；

（四）客户姓名或者名称与其期货结算账户户名的一致性；

（五）其他应当复核的内容。

第十八条　监控中心在复核中发现以下情况之一的，监控中心应当退回客户交易编码申请，并告知期货公司：

（一）客户资料不符合实名制要求；

（二）客户交易编码申请表及相关资料内容不完整、格式不正确；

（三）中国证监会规定的其他情形。

第十九条　监控中心应当将当日通过复核的客户交易编码申请资料转发给相关期货交易所。

第二十条　期货交易所应当将客户交易编码申请的处理结果发送监控中心，由监控中心当日反馈给期货公司。

第二十一条　当日分配的客户交易编码，期货交易所应当于下一交易日允许客户使用。

考点回顾 | 多选

按照《期货市场客户开户管理规定》的实名制要求，个人客户开户时，出现在下列选项中的姓名应当一致的有（　　）。

A. 有效身份证明文件中的姓名

B. 期货经纪合同中交易指令下达人的姓名

C. 期货结算账户的客户姓名

D. 期货经纪合同中的客户姓名

【答案】ACD

第三章　客户资料修改

第二十二条　期货公司修改与申请交易编码相关的客户资料，应当向监控中心提交修改申请，申请修改的内容应当与期货经纪合同中客户资料保持一致。

第二十三条 期货公司申请对客户姓名或者名称、客户有效身份证明文件号码、客户期货结算账户户名进行修改的，监控中心重新按本规定第十七条进行复核。通过复核的，监控中心将修改后的资料转发相关期货交易所和期货公司并由其进行相应处理。

第二十四条 期货公司申请对客户姓名或者名称、客户有效身份证明文件号码、客户期货结算账户户名之外的客户资料进行修改的，应当指明修改申请拟提交的期货交易所，监控中心对修改后客户资料内容的完整性、格式正确性进行复核，并将通过复核的申请转发相关期货交易所。期货交易所根据其业务规则检查后，向监控中心反馈修改申请的处理结果，由监控中心反馈给期货公司。

第二十五条 监控中心和期货交易所在管理中发现客户资料错误的，应当统一由监控中心通知期货公司，由期货公司登录统一开户系统进行修改。

★考点回顾 ｜ 多选

根据《期货市场客户开户管理规定》，下列关于客户资料修改的表述，正确的有（   ）。

A. 期货公司申请对客户姓名或者名称、客户有效身份证明文件号码、客户期货结算账户户名进行修改的，中国期货保证金监控中心重新进行复核

B. 期货公司申请修改的内容通过中国期货保证金监控中心重新复核的，相关期货交易所、期货公司应当按照中国期货保证金监控中心的修改进行相应修改

C. 期货公司申请修改的客户资料内容，应当与期货经纪合同中客户资料保持一致

D. 期货公司修改与申请交易编码相关的客户资料，应当向中国期货保证金监控中心提交修改申请

【答案】ABCD

第四章 客户交易编码的注销

第二十六条 期货公司应当登录监控中心统一开户系统办理客户交易编码的注销。

第二十七条 监控中心接到期货公司的客户交易编码注销申请后，应当于当日转发给相关期货交易所。

第二十八条 期货交易所应当将期货公司客户交易编码注销申请处理结果及时反馈监控中心，监控中心据此反馈期货公司。

第二十九条 期货交易所注销客户交易编码的，应当于注销当日通知监控中心，监控中心据此通知期货公司。

第五章 客户资料管理

第三十条 期货公司在交易结算系统中维护的客户资料应当与报送统一开户系统的客户资料保持一致。

监控中心应当对期货公司报送保证金监控系统与统一开户系统的客户姓名或者名称、内部资金账户、期货结算账户和交易编码进行一致性复核。

第三十一条 监控中心应当根据统一开户系统，建立期货市场客户基本资料库。

客户姓名或者名称、有效身份证明文件号码和客户期货结算账户户名之外的客户信息，监控中心应当根据不同的期货交易所、期货公司分别维护。

第三十二条 期货交易所应当定期向监控中心核对客户资料。

第六章 监督管理

第三十三条 中国证监会依法对期货市场客户开户进行监督检查。中国证监会派出机构对期货公司客户开户进行监督检查。

第三十四条 监控中心应当依据本规定制定期货市场客户开户管理的业务操作规则，并报告中国证监会。

监控中心应当建立健全相应的应急处理机制，防范和化解统一开户系统的运行风险。

第三十五条 期货公司、证券公司违反本规定的，中国证监会及其派出机构可以采取责令限期整改、监管谈话、出具警示函等监管措施；逾期未改正，其行为可能危及期货公司稳健运行、损害客户合法权益的，中国证监会及其派出机构可以责令期货公司、证券公司暂停开户或办理相关业务。

第三十六条 期货交易所、监控中心的工作人员应当忠于职守，依法办事，公正廉洁，保守期货公司和客户的商业秘密，不得利用职务便利牟取不正当的利益。

第三十七条 期货公司、证券公司违反本规定的，依照《期货交易管理条例》第七十条的规定进行处罚。

第三十八条 期货交易所、监控中心违反本规定的，依照《期货交易管理条例》第六十八条、第六十九条的规定进行处罚、处分。

第三十九条 期货交易所、监控中心的工作人员违反本规定的，依照《期货交易管理条例》第八十二条的规定进行处分。

第七章 附 则

第四十条 期货公司会员号变更、会员分级结算关系变更、会员资格转让或者交易编码申请权限受到期货交易所限制时，期货交易所应当将有关情况及时通知监控中心。

第四十一条 对于实行会员分级结算制度期货交易所的非结算会员，监控中心应当将其申请和注销客户交易编码的结果及时通知其结算会员。

第四十二条 特殊单位客户的实名制要求及核对应当遵循实质重于形式的原则，确保特殊单位客户、分户管理资产和期货结算账户对应关系准确。

第四十三条 本规定自 2009 年 9 月 1 日起施行。2007 年 11 月 5 日中国证监会发布的《关于进一步加强期货公司开户环节实名制工作的通知》（证监期货字〔2007〕257 号）同时废止。

期货公司期货投资咨询业务试行办法

(中国证券监督管理委员会令第 70 号　2011 年 3 月 23 日)

第一章　总　则

第一条　为了规范期货公司期货投资咨询业务活动，提高期货公司专业化服务能力，保护客户合法权益，促进期货市场更好地服务国民经济发展，根据《期货交易管理条例》等有关规定，制定本办法。

第二条　本办法所称期货公司期货投资咨询业务，是指期货公司基于客户委托从事的下列营利性活动：

（一）协助客户建立风险管理制度、操作流程，提供风险管理咨询、专项培训等风险管理顾问服务；

（二）收集整理期货市场信息及各类相关经济信息，研究分析期货市场及相关现货市场的价格及其相关影响因素，制作、提供研究分析报告或者资讯信息的研究分析服务；

（三）为客户设计套期保值、套利等投资方案，拟定期货交易策略等交易咨询服务；

（四）中国证券监督管理委员会（以下简称中国证监会）规定的其他活动。

第三条　期货公司从事期货投资咨询业务，应当经中国证监会批准取得期货投资咨询业务资格；期货公司从事期货投资咨询业务的人员应当取得期货投资咨询业务从业资格。

未取得规定资格的期货公司及其从业人员不得从事期货投资咨询业务活动。

第四条　期货公司及其从业人员从事期货投资咨询业务，应当遵守有关法律、法规、规章和本办法规定，遵循诚实信用原则，基于独立、客观的立场，公平对待客户，避免利益冲突。

第五条　中国证监会及其派出机构依法对期货公司及其从业人员从事期货投资咨询业务实行监督管理。

中国期货业协会对期货公司及其从业人员从事期货投资咨询业务实行自律管理。

第二章　公司业务资格和人员从业资格

第六条　期货公司申请从事期货投资咨询业务，应当具备下列条件：

（一）注册资本不低于人民币 1 亿元，且净资本不低于人民币 8 000 万元；

（二）申请日前6个月的风险监管指标持续符合监管要求；

（三）具有3年以上期货从业经历并取得期货投资咨询从业资格的高级管理人员不少于1名，具有2年以上期货从业经历并取得期货投资咨询从业资格的业务人员不少于5名，且前述高级管理人员和业务人员最近3年内无不良诚信记录，未受到行政、刑事处罚，且不存在因涉嫌违法违规正被有权机关调查的情形；

（四）具有完备的期货投资咨询业务管理制度；

（五）近3年内未因违法违规经营受到行政、刑事处罚，且不存在因涉嫌重大违法违规正被有权机关调查的情形；

（六）近1年内不存在被监管机构采取《期货交易管理条例》第五十九条第二款、第六十条规定的监管措施的情形；

（七）中国证监会根据审慎监管原则规定的其他条件。

第七条 期货公司申请期货投资咨询业务资格，应当提交下列申请材料：

（一）期货投资咨询业务资格申请书；

（二）股东会关于申请期货投资咨询业务的决议文件；

（三）申请日前6个月的期货公司风险监管报表；

（四）期货投资咨询业务管理制度文本，内容包括部门和人员管理、业务操作、合规检查、客户回访与投诉等；

（五）最近3年的期货公司合规经营情况说明；

（六）拟从事期货投资咨询业务的高级管理人员和业务人员的名单、简历、相关任职资格和从业资格证明，以及公司出具的诚信合规证明材料；

（七）加盖公司公章的《企业法人营业执照》复印件、《经营期货业务许可证》复印件；

（八）经具有证券、期货相关业务资格的会计师事务所审计的前一年度财务报告；申请日在下半年的，还应当提供经审计的半年度财务报告；

（九）律师事务所就期货公司是否符合本办法第六条第（三）、（五）项规定的条件，以及股东会决议是否合法出具的法律意见书；

（十）中国证监会规定的其他材料。

第八条 中国证监会自受理期货公司期货投资咨询业务资格申请之日起2个月内，作出批准或者不予批准的决定。

第九条 中国期货业协会负责期货投资咨询业务从业人员的资格考试、资格认定、日常管理等相关工作，相关自律管理办法由中国期货业协会制定。

第三章 业务规则

第十条 期货公司及其从业人员应当以专业的技能，谨慎、勤勉、尽责地为客户提供期货投资咨询服务，保守客户的商业秘密，维护客户合法权益。

期货公司及其从业人员不得对期货投资咨询服务能力进行虚假、误导性的宣传,不得欺诈或者误导客户。

第十一条 期货公司应当按照信息公示有关规定,在营业场所、公司网站和中国期货业协会网站上公示公司的业务资格、人员的从业资格、服务内容、投诉方式等相关信息。

第十二条 期货公司开展期货投资咨询业务活动,应当遵循具体的业务操作规范,并应与自身的管理能力、业务水平和人员配置相适应,有效执行期货投资咨询业务管理制度,加强合规检查,防范业务风险。

第十三条 期货公司及其从业人员在开展期货投资咨询服务时,不得从事下列行为:

(一)向客户做获利保证,或者约定分享收益或共担风险;

(二)以虚假信息、市场传言或者内幕信息为依据向客户提供期货投资咨询服务;

(三)利用期货投资咨询活动操纵期货交易价格、进行内幕交易,或者传播虚假、误导性信息;

(四)以个人名义收取服务报酬;

(五)期货法规、规章禁止的其他行为。

期货投资咨询业务人员在开展期货投资咨询服务时,不得接受客户委托代为从事期货交易。

第十四条 期货公司应当事前了解客户的身份、财务状况、投资经验等情况,认真评估客户的风险偏好、风险承受能力和服务需求,并以书面和电子形式保存客户相关信息。

期货公司应当针对客户期货投资咨询具体服务需求,揭示期货市场风险,明确告知客户独立承担期货市场风险。

第十五条 期货公司应当与客户签订期货投资咨询服务合同,明确约定服务的具体内容和费用标准等相关事项。

期货投资咨询服务合同指引和风险揭示书格式,由中国期货业协会制定。

第十六条 期货公司提供风险管理服务时,应当发挥自身专业优势,为客户制定符合其需要的风险管理制度或者操作流程,提供有针对性的风险管理咨询或者培训,不得夸大期货的风险管理功能。

期货公司应当定期评估风险管理服务效果和客户反馈意见,不断改进风险管理服务能力。

第十七条 期货公司提供研究分析服务时,应当公平对待委托客户,并采取有效措施,保证研究分析人员独立形成研究分析意见和结论。

期货公司应当建立研究分析报告和资讯信息的审阅、管理及使用机制,对研究分析报告、资讯信息的使用进行审阅和合规检查。

期货公司应当采取有效措施,防止研究分析人员以及公司内部其他人员利用研究报告、资讯信息为自身及其他利益相关方谋取不当利益。

第十八条 研究分析人员应当对研究分析报告的内容和观点负责,保证信息来源合法合规,研究方法专业审慎,分析结论合理。

研究分析报告应当制作形成适当的书面或者电子文本形式,载明期货公司名称及其业务资格、研究分析人员姓名、从业证号、制作日期等内容,同时注明相关信息资料的来源、研究分析意见的局限性与使用者风险提示。

期货公司制作、提供的研究分析报告不得侵犯他人的知识产权。

第十九条 期货公司提供交易咨询服务时,应当向客户明示有无利益冲突,提示潜在的市场变化和投资风险,不得就市场行情做出确定性判断。

期货公司提供的投资方案或者期货交易策略应当以本公司的研究报告、合法取得的研究报告、相关行业信息资料以及公开发布的相关信息等为主要依据。

期货公司应当告知客户自主做出期货交易决策,独立承担期货交易后果,并不得泄露客户的投资决策计划信息。

第二十条 期货公司以期货交易软件、终端设备为载体,向客户提供交易咨询服务或者具有类似功能服务的,应当执行本办法,并向客户说明交易软件、终端设备的基本功能,揭示使用局限性,说明相关数据信息来源,不得对交易软件、终端设备的使用价值或功能作出虚假、误导性宣传。

第二十一条 期货公司应当对期货投资咨询业务操作实行留痕管理,并按照中国证监会规定的保存年限和要求,妥善保存期货投资咨询业务的风险揭示书、合同、风险管理意见、研究分析报告、交易咨询建议、期货交易软件或者终端设备说明等业务材料。

第二十二条 期货公司应当有效执行期货投资咨询业务管理制度中的客户回访与投诉规定,明确客户回访与投诉的内容、要求、程序,及时、妥善处理客户投诉事项。

考点回顾 | 多选

下列关于期货公司提供风险管理服务的表述,正确的有( )。

A. 期货公司应当为客户提供有针对性的风险管理咨询或者培训

B. 期货公司可以基于市场发展的需要,适当夸大期货的风险管理功能

C. 期货公司应当发挥自身专业优势,为客户制定符合其需要的风险管理制度或者操作流程

D. 期货公司应当定期评估风险管理服务效果和客户反馈意见,不断改进风险管理服务能力

【答案】ACD

第四章 防范利益冲突

第二十三条 期货公司应当制定防范期货投资咨询业务与其他期货业务之间利益冲突的管理制度，建立健全信息隔离机制，并保持办公场所和办公设备相对独立。

期货投资咨询业务活动之间可能发生利益冲突的，期货公司应当作出必要的岗位独立、信息隔离和人员回避等工作安排。

期货公司首席风险官应当对前款规定事项进行检查落实。

第二十四条 期货公司及其从业人员与客户之间可能发生利益冲突的，应当遵循客户利益优先的原则予以处理；不同客户之间存在利益冲突的，应当遵循公平对待的原则予以处理。

第二十五条 期货公司总部应当设立独立的部门，对期货投资咨询业务实行统一管理。

期货公司营业部应当在公司总部的统一管理下对外提供期货投资咨询服务。

第二十六条 期货投资咨询业务人员应当以期货公司名义开展期货投资咨询业务活动，不得以个人名义为客户提供期货投资咨询服务。

第二十七条 期货投资咨询业务人员应当与交易、结算、风险控制、财务、技术等业务人员岗位独立，职责分离。

★考点回顾｜单选

下列关于期货公司期货投资咨询业务利益冲突防范的表述，错误的是（　　）。

A. 期货投资咨询业务活动之间可能发生利益冲突的，期货公司应当作出必要的岗位独立、信息隔离和人员回避等工作安排

B. 期货公司总部应当设立独立的部门，对期货投资咨询业务实行统一管理

C. 期货公司应当制定防范期货投资咨询业务与其他期货业务之间利益冲突的管理制度，建立健全信息隔离机制，并保持办公场所和办公设备相对独立

D. 期货公司营业部不得对外提供期货投资咨询服务

【答案】D

第五章 监督管理和法律责任

第二十八条 期货公司应当按照规定的内容与格式要求，每月向住所地中国证监会派出机构报送期货投资咨询业务信息。

第二十九条 期货公司首席风险官负责监督期货投资咨询业务管理制度的制定和执行，对期货投资咨询业务的合规性定期检查，并依法履行督促整改和报告职责。

期货公司首席风险官向住所地中国证监会派出机构报送的季度报告、年度报告中，应当包括本公司期货投资咨询业务的合规性及其检查情况，并重点就防范利益冲突作出说明。

第三十条　中国证监会及其派出机构按照审慎监管原则，定期或者不定期对期货公司期货投资咨询业务进行检查。

第三十一条　期货公司未取得规定资格从事期货投资咨询业务活动的，或者任用不具备相应资格的人员从事期货投资咨询业务活动的，责令改正；情节严重的，根据《期货交易管理条例》第七十条的规定处罚。

第三十二条　期货公司或其从业人员开展期货投资咨询业务出现下列情形之一的，中国证监会及其派出机构可以针对具体情况，根据《期货交易管理条例》第五十九条的规定采取相应监管措施：

（一）对期货投资咨询服务能力进行虚假、误导性宣传，欺诈或者误导客户；

（二）高级管理人员缺位或者业务部门人员低于规定要求；

（三）以个人名义为客户提供期货投资咨询服务；

（四）违反本办法第十三条规定；

（五）未按照规定建立防范利益冲突的管理制度、机制；

（六）未有效执行防范利益冲突管理制度、机制且处置失当，导致发生重大利益冲突事件；

（七）利用研究报告、资讯信息为自身及其他利益相关方谋取不当利益；

（八）其他不符合本办法规定的情形。

期货公司或其从业人员出现前款所列情形之一，情节严重的，根据《期货交易管理条例》第七十条、第七十一条、第七十三条、第七十四条相关规定处罚；涉嫌犯罪的，依法移送司法机关。

第六章　附　　则

第三十三条　期货公司基于期货经纪业务向客户提供咨询、培训等附属服务的，应当遵守期货法规、规章的相关规定。

第三十四条　期货公司及其从业人员通过报刊、电视、电台和网络等公共媒体开展期货行情分析等信息传播活动的，应当取得期货投资咨询业务资格及从业资格，遵守金融信息传播相关规定，保护他人的知识产权；在开展期货信息传播活动前，期货公司及其从业人员应当向住所地的中国证监会派出机构备案。

第三十五条　证券经营机构从事期货投资咨询业务活动的资格条件和监管要求等由中国证监会另行规定。

第三十六条　本办法自2011年5月1日起施行。

证券期货投资者适当性管理办法

(中国证券监督管理委员会令第 130 号　2016 年 12 月 12 日)

《证券期货投资者适当性管理办法》已于 2016 年 5 月 26 日中国证券监督管理委员会 2016 年第 7 次主席办公会议审议通过,现予公布,自 2017 年 7 月 1 日起施行。

第一条　为了规范证券期货投资者适当性管理,维护投资者合法权益,根据《证券法》《证券投资基金法》《证券公司监督管理条例》《期货交易管理条例》及其他相关法律、行政法规,制定本办法。

第二条　向投资者销售公开或者非公开发行的证券、公开或者非公开募集的证券投资基金和股权投资基金(包括创业投资基金,以下简称基金)、公开或者非公开转让的期货及其他衍生产品,或者为投资者提供相关业务服务的,适用本办法。

第三条　向投资者销售证券期货产品或者提供证券期货服务的机构(以下简称经营机构)应当遵守法律、行政法规、本办法及其他有关规定,在销售产品或者提供服务的过程中,勤勉尽责,审慎履职,全面了解投资者情况,深入调查分析产品或者服务信息,科学有效评估,充分揭示风险,基于投资者的不同风险承受能力以及产品或者服务的不同风险等级等因素,提出明确的适当性匹配意见,将适当的产品或者服务销售或者提供给适合的投资者,并对违法违规行为承担法律责任。

第四条　投资者应当在了解产品或者服务情况、听取经营机构适当性意见的基础上,根据自身能力审慎决策,独立承担投资风险。经营机构的适当性匹配意见不表明其对产品或者服务的风险和收益做出实质性判断或者保证。

第五条　中国证券监督管理委员会(以下简称中国证监会)及其派出机构依照法律、行政法规、本办法及其他相关规定,对经营机构履行适当性义务进行监督管理。证券期货交易场所、登记结算机构及中国证券业协会、中国期货业协会、中国证券投资基金业协会(以下统称行业协会)等自律组织对经营机构履行适当性义务进行自律管理。

第六条　经营机构向投资者销售产品或者提供服务时,应当了解投资者的下列信息:

(一)自然人的姓名、住址、职业、年龄、联系方式,法人或者其他组织的名称、注册地址、办公地址、性质、资质及经营范围等基本信息;

(二)收入来源和数额、资产、债务等财务状况;

(三)投资相关的学习、工作经历及投资经验;

(四)投资期限、品种、期望收益等投资目标;

（五）风险偏好及可承受的损失；

（六）诚信记录；

（七）实际控制投资者的自然人和交易的实际受益人；

（八）法律法规、自律规则规定的投资者准入要求相关信息；

（九）其他必要信息。

第七条 投资者分为普通投资者与专业投资者。普通投资者在信息告知、风险警示、适当性匹配等方面享有特别保护。

第八条 符合下列条件之一的是专业投资者：

（一）经有关金融监管部门批准设立的金融机构，包括证券公司、期货公司、基金管理公司及其子公司、商业银行、保险公司、信托公司、财务公司等；经行业协会备案或者登记的证券公司子公司、期货公司子公司、私募基金管理人。

（二）上述机构面向投资者发行的理财产品，包括但不限于证券公司资产管理产品、基金管理公司及其子公司产品、期货公司资产管理产品、银行理财产品、保险产品、信托产品、经行业协会备案的私募基金。

（三）社会保障基金、企业年金等养老基金，慈善基金等社会公益基金，合格境外机构投资者（QFII）、人民币合格境外机构投资者（RQFII）。

（四）同时符合下列条件的法人或者其他组织：（1）最近 1 年末净资产不低于 2 000 万元；（2）最近 1 年末金融资产不低于 1 000 万元；（3）具有 2 年以上证券、基金、期货、黄金、外汇等投资经历。

（五）同时符合下列条件的自然人：（1）金融资产不低于 500 万元，或者最近 3 年个人年均收入不低于 50 万元；（2）具有 2 年以上证券、基金、期货、黄金、外汇等投资经历，或者具有 2 年以上金融产品设计、投资、风险管理及相关工作经历，或者属于本条第（一）项规定的专业投资者的高级管理人员、获得职业资格认证的从事金融相关业务的注册会计师和律师。

前款所称金融资产，是指银行存款、股票、债券、基金份额、资产管理计划、银行理财产品、信托计划、保险产品、期货及其他衍生产品等。

第九条 经营机构可以根据专业投资者的业务资格、投资实力、投资经历等因素，对专业投资者进行细化分类和管理。

第十条 专业投资者之外的投资者为普通投资者。经营机构应当按照有效维护投资者合法权益的要求，综合考虑收入来源、资产状况、债务、投资知识和经验、风险偏好、诚信状况等因素，确定普通投资者的风险承受能力，对其进行细化分类和管理。

第十一条 普通投资者和专业投资者在一定条件下可以互相转化。符合本办法第八条第（四）、（五）项规定的专业投资者，可以书面告知经营机构选择成为普通投资者，经营机构应当对其履行相应的适当性义务。符合下列条件之一的普通投资者可以申请转化成为专业投资者，但经营机构有权自主决定是否同意其转化：

（一）最近1年末净资产不低于1 000万元，最近1年末金融资产不低于500万元，且具有1年以上证券、基金、期货、黄金、外汇等投资经历的除专业投资者外的法人或其他组织；

（二）金融资产不低于300万元或者最近3年个人年均收入不低于30万元，且具有1年以上证券、基金、期货、黄金、外汇等投资经历或者1年以上金融产品设计、投资、风险管理及相关工作经历的自然人投资者。

第十二条 普通投资者申请成为专业投资者应当以书面形式向经营机构提出申请并确认自主承担可能产生的风险和后果，提供相关证明材料。经营机构应当通过追加了解信息、投资知识测试或者模拟交易等方式对投资者进行谨慎评估，确认其符合前条要求，说明对不同类别投资者履行适当性义务的差别，警示可能承担的投资风险，告知申请的审查结果及其理由。

第十三条 经营机构应当告知投资者，其根据本办法第六条规定所提供的信息发生重要变化、可能影响分类的，应及时告知经营机构。经营机构应当建立投资者评估数据库并及时更新，充分使用已了解信息和已有评估结果，避免重复采集，提高评估效率。

第十四条 中国证监会、自律组织在针对特定市场、产品或者服务制定规则时，可以考虑风险性、复杂性以及投资者的认知难度等因素，从资产规模、收入水平、风险识别能力和风险承担能力、投资认购最低金额等方面，规定投资者准入要求。投资者准入要求包含资产指标的，应当规定投资者在购买产品或者接受服务前一定时期内符合该指标。现有市场、产品或者服务规定投资者准入要求的，应当符合前款规定。

第十五条 经营机构应当了解所销售产品或者所提供服务的信息，根据风险特征和程度，对销售的产品或者提供的服务划分风险等级。

第十六条 划分产品或者服务风险等级时应当综合考虑以下因素：

（一）流动性；

（二）到期时限；

（三）杠杆情况；

（四）结构复杂性；

（五）投资单位产品或者相关服务的最低金额；

（六）投资方向和投资范围；

（七）募集方式；

（八）发行人等相关主体的信用状况；

（九）同类产品或者服务过往业绩；

（十）其他因素。

涉及投资组合的产品或者服务，应当按照产品或者服务整体风险等级进行评估。

第十七条 产品或者服务存在下列因素的，应当审慎评估其风险等级：
（一）存在本金损失的可能性，因杠杆交易等因素容易导致本金大部分或者全部损失的产品或者服务；
（二）产品或者服务的流动变现能力，因无公开交易市场、参与投资者少等因素导致难以在短期内以合理价格顺利变现的产品或者服务；
（三）产品或者服务的可理解性，因结构复杂、不易估值等因素导致普通人难以理解其条款和特征的产品或者服务；
（四）产品或者服务的募集方式，涉及面广、影响力大的公募产品或相关服务；
（五）产品或者服务的跨境因素，存在市场差异、适用境外法律等情形的跨境发行或者交易的产品或者服务；
（六）自律组织认定的高风险产品或者服务；
（七）其他有可能构成投资风险的因素。

第十八条 经营机构应当根据产品或者服务的不同风险等级，对其适合销售产品或者提供服务的投资者类型作出判断，根据投资者的不同分类，对其适合购买的产品或者接受的服务作出判断。

第十九条 经营机构告知投资者不适合购买相关产品或者接受相关服务后，投资者主动要求购买风险等级高于其风险承受能力的产品或者接受相关服务的，经营机构在确认其不属于风险承受能力最低类别的投资者后，应当就产品或者服务风险高于其承受能力进行特别的书面风险警示，投资者仍坚持购买的，可以向其销售相关产品或者提供相关服务。

第二十条 经营机构向普通投资者销售高风险产品或者提供相关服务，应当履行特别的注意义务，包括制定专门的工作程序，追加了解相关信息，告知特别的风险点，给予普通投资者更多的考虑时间，或者增加回访频次等。

第二十一条 经营机构应当根据投资者和产品或者服务的信息变化情况，主动调整投资者分类、产品或者服务分级以及适当性匹配意见，并告知投资者上述情况。

第二十二条 禁止经营机构进行下列销售产品或者提供服务的活动：
（一）向不符合准入要求的投资者销售产品或者提供服务；
（二）向投资者就不确定事项提供确定性的判断，或者告知投资者有可能使其误认为具有确定性的意见；
（三）向普通投资者主动推介风险等级高于其风险承受能力的产品或者服务；
（四）向普通投资者主动推介不符合其投资目标的产品或者服务；
（五）向风险承受能力最低类别的投资者销售或者提供风险等级高于其风险承受能力的产品或者服务；
（六）其他违背适当性要求，损害投资者合法权益的行为。

第二十三条 经营机构向普通投资者销售产品或者提供服务前，应当告知下列信息：

（一）可能直接导致本金亏损的事项；

（二）可能直接导致超过原始本金损失的事项；

（三）因经营机构的业务或者财产状况变化，可能导致本金或者原始本金亏损的事项；

（四）因经营机构的业务或者财产状况变化，影响客户判断的重要事由；

（五）限制销售对象权利行使期限或者可解除合同期限等全部限制内容；

（六）本办法第二十九条规定的适当性匹配意见。

第二十四条 经营机构对投资者进行告知、警示，内容应当真实、准确、完整，不存在虚假记载、误导性陈述或者重大遗漏，语言应当通俗易懂；告知、警示应当采用书面形式送达投资者，并由其确认已充分理解和接受。

第二十五条 经营机构通过营业网点向普通投资者进行本办法第十二条、第二十条、第二十一条和第二十三条规定的告知、警示，应当全过程录音或者录像；通过互联网等非现场方式进行的，经营机构应当完善配套留痕安排，由普通投资者通过符合法律、行政法规要求的电子方式进行确认。

第二十六条 经营机构委托其他机构销售本机构发行的产品或者提供服务，应当审慎选择受托方，确认受托方具备代销相关产品或者提供服务的资格和落实相应适当性义务要求的能力，应当制定并告知代销方所委托产品或者提供服务的适当性管理标准和要求，代销方应当严格执行，但法律、行政法规、中国证监会其他规章另有规定的除外。

第二十七条 经营机构代销其他机构发行的产品或者提供相关服务，应当在合同中约定要求委托方提供的信息，包括本办法第十六条、第十七条规定的产品或者服务分级考虑因素等，自行对该信息进行调查核实，并履行投资者评估、适当性匹配等适当性义务。委托方不提供规定的信息、提供信息不完整的，经营机构应当拒绝代销产品或者提供服务。

第二十八条 对在委托销售中违反适当性义务的行为，委托销售机构和受托销售机构应当依法承担相应法律责任，并在委托销售合同中予以明确。

第二十九条 经营机构应当制定适当性内部管理制度，明确投资者分类、产品或者服务分级、适当性匹配的具体依据、方法、流程等，严格按照内部管理制度进行分类、分级，定期汇总分类、分级结果，并对每名投资者提出匹配意见。经营机构应当制定并严格落实与适当性内部管理有关的限制不匹配销售行为、客户回访检查、评估与销售隔离等风控制度，以及培训考核、执业规范、监督问责等制度机制，不得采取鼓励不适当销售的考核激励措施，确保从业人员切实履行适当性义务。

第三十条 经营机构应当每半年开展一次适当性自查，形成自查报告。发现违反本办法规定的问题,应当及时处理并主动报告住所地中国证监会派出机构。

第三十一条 鼓励经营机构将投资者分类政策、产品或者服务分级政策、自查报告在公司网站或者指定网站进行披露。

第三十二条 经营机构应当按照相关规定妥善保存其履行适当性义务的相关信息资料,防止泄露或者被不当利用,接受中国证监会及其派出机构和自律组织的检查。对匹配方案、告知警示资料、录音录像资料、自查报告等的保存期限不得少于20年。

第三十三条 投资者购买产品或者接受服务,按规定需要提供信息的,所提供的信息应当真实、准确、完整。投资者根据本办法第六条规定所提供的信息发生重要变化、可能影响其分类的,应当及时告知经营机构。投资者不按照规定提供相关信息,提供信息不真实、不准确、不完整的,应当依法承担相应法律责任,经营机构应当告知其后果,并拒绝向其销售产品或者提供服务。

第三十四条 经营机构应当妥善处理适当性相关的纠纷,与投资者协商解决争议,采取必要措施支持和配合投资者提出的调解。经营机构履行适当性义务存在过错并造成投资者损失的,应当依法承担相应法律责任。经营机构与普通投资者发生纠纷的,经营机构应当提供相关资料,证明其已向投资者履行相应义务。

第三十五条 中国证监会及其派出机构在监管中应当审核或者关注产品或者服务的适当性安排,对适当性制度落实情况进行检查,督促经营机构严格落实适当性义务,强化适当性管理。

第三十六条 证券期货交易场所应当制定完善本市场相关产品或者服务的适当性管理自律规则。行业协会应当制定完善会员落实适当性管理要求的自律规则,制定并定期更新本行业的产品或者服务风险等级名录以及本办法第十九条、第二十二条规定的风险承受能力最低的投资者类别,供经营机构参考。经营机构评估相关产品或者服务的风险等级不得低于名录规定的风险等级。证券期货交易场所、行业协会应当督促、引导会员履行适当性义务,对备案产品或者相关服务应当重点关注高风险产品或者服务的适当性安排。

第三十七条 经营机构违反本办法规定的,中国证监会及其派出机构可以对经营机构及其直接负责的主管人员和其他直接责任人员,采取责令改正、监管谈话、出具警示函、责令参加培训等监督管理措施。

第三十八条 证券公司、期货公司违反本办法规定,存在较大风险或者风险隐患的,中国证监会及其派出机构可以按照《证券公司监督管理条例》第七十条、《期货交易管理条例》第五十五条的规定,采取监督管理措施。

第三十九条 违反本办法第六条、第十八条、第十九条、第二十条、第二十一条、第二十二条第(三)项至第(六)项、第二十三条、第二十四条、第三十三条规定的,按照《证券投资基金法》第一百三十七条、《证券公司监督管理条例》第八十四条、《期货交易管理条例》第六十七条予以处理。

第四十条 违反本办法第二十二条第（一）项至第（二）项、第二十六条、第二十七条规定的，按照《证券投资基金法》第一百三十五条、《证券公司监督管理条例》第八十三条、《期货交易管理条例》第六十六条予以处理。

第四十一条 经营机构有下列情形之一的，给予警告，并处以3万元以下罚款；对直接负责的主管人员和其他直接责任人员，给予警告，并处以3万元以下罚款：

（一）违反本办法第十条，未按规定对普通投资者进行细化分类和管理的；

（二）违反本办法第十一条、第十二条，未按规定进行投资者类别转化的；

（三）违反本办法第十三条，未建立或者更新投资者评估数据库的；

（四）违反本办法第十五条，未按规定了解所销售产品或者所提供服务信息或者履行分级义务的；

（五）违反本办法第十六条、第十七条，未按规定划分产品或者服务风险等级的；

（六）违反本办法第二十五条，未按规定录音录像或者采取配套留痕安排的；

（七）违反本办法第二十九条，未按规定制定或者落实适当性内部管理制度和相关制度机制的；

（八）违反本办法第三十条，未按规定开展适当性自查的；

（九）违反本办法第三十二条，未按规定妥善保存相关信息资料的；

（十）违反本办法第六条、第十八条至第二十四条、第15二十六条、第二十七条、第三十三条规定，未构成《证券投资基金法》第一百三十五条、第一百三十七条，《证券公司监督管理条例》第八十三条、第八十四条，《期货交易管理条例》第六十六条、第六十七条规定情形的。

第四十二条 经营机构从业人员违反相关法律法规和本办法规定，情节严重的，中国证监会可以依法采取市场禁入的措施。

第四十三条 本办法自2017年7月1日起施行。

期货公司资产管理业务试点办法

(中国证券监督管理委员会令第81号 2012年7月31日)

《期货公司资产管理业务试点办法》于2012年5月22日中国证券监督管理委员会第18次主席办公会议审议通过,现予公布,自2012年9月1日起施行。

第一章 总 则

第一条 为有序开展期货公司资产管理业务(以下简称资产管理业务)试点工作,规范试点期间资产管理业务活动,保护投资者合法权益,根据《期货交易管理条例》相关规定,制定本办法。

第二条 资产管理业务是指期货公司接受单一客户或者特定多个客户的书面委托,根据本办法规定和合同约定,运用客户委托资产进行投资,并按照合同约定收取费用或者报酬的业务活动。

第三条 期货公司从事资产管理业务,应当遵循公平、公正、诚信、规范的原则,恪守职责、谨慎勤勉,保护客户合法权益,公平对待所有客户,防范利益冲突,禁止各种形式的利益输送,维护期货市场的正常秩序。

客户应当独立承担投资风险,不得损害国家利益、社会公共利益和他人合法权益。

第四条 中国证监会及其派出机构依法对资产管理业务实施监督管理。

第五条 中国期货业协会(以下简称中期协)根据自身职责依法对资产管理业务及有关高级管理人员、业务人员实施自律管理。

期货交易所根据自身职责依法对资产管理业务实施自律管理。

中国期货保证金监控中心公司(以下简称监控中心)依法对资产管理业务实施监测监控。

考点回顾 | 多选

根据《期货公司资产管理业务试点办法》,以下关于期货公司开展资产管理业务的表述,正确的有(　　)。

A. 客户应当独立承担投资风险
B. 防范利益冲突,禁止各种形式的利益输送
C. 遵循公平、公正、诚信、规范的原则
D. 期货交易所根据自身职责依法对资产管理业务实施自律管理

【答案】ABCD

第二章 业务试点资格

第六条 期货公司具备下列条件的，可以申请资产管理业务试点资格：

（一）净资本不低于人民币 5 亿元；

（二）申请日前 6 个月的风险监管指标持续符合监管要求；

（三）最近两次期货公司分类监管评级均不低于 B 类 B 级；

（四）近 3 年未因违法违规经营受到行政、刑事处罚，且不存在因涉嫌违法违规经营正在被有权机关调查的情形；

（五）近 1 年不存在被监管机构采取《期货交易管理条例》第五十九条第二款、第六十条规定的监管措施的情形；

（六）具有可行的资产管理业务实施方案；

（七）具有 5 年以上期货、证券或者基金从业经历，并取得期货投资咨询业务从业资格或者证券投资咨询、证券投资基金等证券从业资格的高级管理人员不少于 1 人；具有 3 年以上期货从业经历或者 3 年以上证券、基金等投资管理经历，并取得期货投资咨询业务从业资格的业务人员不得少于 5 人；前述高级管理人员和业务人员近 3 年无不良诚信记录，未受到行政、刑事处罚，且不存在因涉嫌违法违规正在被有权机关调查的情形；

（八）具有独立的经营场地和满足业务发展需要的设施；

（九）具有完备的资产管理业务管理制度；

（十）中国证监会根据审慎监管原则规定的其他条件。

第七条 期货公司申请资产管理业务试点资格，应当提交以下材料：

（一）资产管理业务试点申请书；

（二）资产管理业务实施方案，其内容应当包括目标市场和目标客户的定位、主要投资策略、业务发展规划、防范利益冲突的制度安排等；

（三）股东会关于期货公司申请从事资产管理业务试点资格的决议文件；

（四）加盖公司公章的《企业法人营业执照》复印件、《经营期货业务许可证》复印件；

（五）申请日前 6 个月的期货公司风险监管报表；

（六）最近 3 年的期货公司合规经营情况说明；

（七）资产管理业务管理制度文本，其内容应当包括业务管理、人员管理、业务操作、风险控制、交易监控、防范利益冲突、合规检查等；

（八）拟从事资产管理业务的高级管理人员和业务人员的名单、简历、相关任职资格和从业资格证明，以及公司出具的诚信合规证明材料；

（九）有关经营场地和设施的情况说明；

（十）经具有证券、期货相关业务资格的会计师事务所审计的前一年度财务报告；申请日在下半年的，还应当提供经审计的半年度财务报告；

（十一）律师事务所就期货公司是否符合本办法第六条第（四）项、第（七）项规定的条件，以及股东会决议是否合法所出具的法律意见书；

（十二）中国证监会规定的其他材料。

第八条　中国证监会自受理期货公司资产管理业务试点资格申请之日起2个月内，作出批准或者不予批准的决定。

未取得资产管理业务试点资格的期货公司，不得从事资产管理业务。

第三章　业务规范

第九条　资产管理业务的客户应当具有较强资金实力和风险承受能力。单一客户的起始委托资产不得低于100万元人民币。期货公司可以提高起始委托资产要求。

第十条　期货公司董事、监事、高级管理人员、从业人员及其配偶不得作为本公司资产管理业务的客户。

期货公司股东、实际控制人及其关联人以及期货公司董事、监事、高级管理人员、从业人员的父母、子女成为本公司资产管理业务客户的，应当自签订资产管理合同之日起5个工作日内，向住所地中国证监会派出机构备案，并在本公司网站上披露其关联关系或者亲属关系。

第十一条　期货公司应当与客户签订书面资产管理合同，按照合同约定对客户提供资产管理服务，承担资产管理受托责任。

期货公司应当勤勉、专业、合规地为客户制定和执行资产管理投资策略，按照合同约定管理委托资产，控制投资风险。

第十二条　资产管理业务的投资范围包括：

（一）期货、期权及其他金融衍生品；

（二）股票、债券、证券投资基金、集合资产管理计划、央行票据、短期融资券、资产支持证券等；

（三）中国证监会认可的其他投资品种。

资产管理业务的投资范围应当遵守合同约定，不得超出前款规定的范围，且应当与客户的风险认知与承受能力相匹配。

第十三条　期货公司应当保持客户委托资产与期货公司自有资产相互独立，对不同客户的委托资产独立建账、独立核算、分账管理。

资产管理业务投资期货类品种的，期货公司与客户应当按照期货保证金安全存管有关规定管理和存取委托资产。

期货公司与第三方发生债务纠纷、期货公司破产或者清算时，客户委托资产不得用于清偿期货公司债务，且不属于其破产财产或者清算财产。

第十四条　期货公司不得通过电视、报刊、广播等公开媒体向公众推广、宣传资产管理业务或者招揽客户。

期货公司不得公开宣传资产管理业务的预期收益，不得以夸大资产管理业绩等方式欺诈客户。

第十五条　客户应当以真实身份委托期货公司进行资产管理，委托资产的来源及用途应当符合法律法规规定，不得违反规定向公众集资。

客户应当对委托资产来源及用途的合法性进行书面承诺。

第十六条　期货公司应当向客户充分揭示资产管理业务的风险，说明和解释有关资产管理投资策略和合同条款，并将风险揭示书交客户当面签字或者盖章确认。

第十七条　客户应当对市场及产品风险具有适当的认识，主动了解资产管理投资策略的风险收益特征，结合自身风险承受能力进行自我评估。

期货公司应当对客户适当性进行审慎评估。

第十八条　资产管理合同应当明确约定，由客户自行独立承担投资风险。

期货公司不得向客户承诺或者担保委托资产的最低收益或者分担损失。

期货公司使用的客户承诺书、风险揭示书、资产管理合同文本应当包括中期协制定的合同必备条款，并及时报住所地中国证监会派出机构备案。

第十九条　资产管理业务投资期货类品种的，期货公司应当按照期货市场开户管理规定为客户开立或者撤销所管理的账户（以下简称期货资产管理账户），申请或者注销交易编码，对期货资产管理账户及其交易编码进行单独标识、单独管理。

资产管理业务投资非期货类品种的，期货公司应当遵守相关市场的开户规定，开立或者撤销用于资产管理的联名账户及其他账户。期货公司应当自开立账户之日起 5 个工作日内向监控中心备案。

开户备案前，期货公司不得开展资产管理交易活动。

第二十条　期货公司应当在资产管理合同中与客户明确约定委托期限、追加或者提取委托资产的方式和时间等。

第二十一条　期货公司应当每日向监控中心投资者查询系统提供客户委托资产的盈亏、净值信息。

期货公司和监控中心应当保障客户能够及时查询委托资产的盈亏、净值信息。

第二十二条　期货公司可以与客户约定收取一定比例的管理费，并可以约定基于资产管理业绩收取相应的报酬。

第二十三条　期货公司应当与客户明确约定风险提示机制，期货公司要根据委托资产的亏损情况及时向客户提示风险。

期货公司应当与客户明确约定，委托期间委托资产亏损达到起始委托资产一定比例时，期货公司应当按照合同约定的方式和时间及时告知客户，客户有权提前终止资产管理委托。

第二十四条　期货公司从事资产管理业务，发生变更投资经理等可能影响客户权益的重大事项时，期货公司应当按照合同约定的方式和时间及时告知客户，客户有权提前终止资产管理委托。

第二十五条　当客户委托资产发生权属变更等重大情形，可能影响资产管理业务正常进行的，期货公司有权按照合同约定提前终止资产管理委托。

第二十六条　期货公司应当与客户在资产管理合同中明确约定资产管理委托终止的具体事由、后续事宜处理、责任承担等相关事项。

资产管理委托终止的，期货公司应当按照合同约定办理下列手续：

（一）及时结清相关费用，将剩余委托资产返还给客户；

（二）及时撤销期货资产管理账户；

（三）及时撤销非期货类投资账户。

考点回顾｜单选

根据《期货公司资产管理业务试点办法》的规定，单一客户的起始委托资产不得低于（　　）万元人民币。

A. 30　　　　　　B. 50　　　　　　C. 80　　　　　　D. 100

【答案】D

第四章　业务管理和风险控制制度

第二十七条　期货公司应当建立健全并有效执行资产管理业务管理制度，加强对资产管理业务的交易监控，防范业务风险，确保公平交易。

第二十八条　期货公司应当对资产管理业务进行集中管理，其人员、业务、场地应当与其他业务部门相互独立，并建立业务隔离墙制度。

第二十九条　期货公司应当有效执行资产管理业务人员管理和业务操作制度，采取有效措施强化内部监督制约和奖惩机制，强化投资经理及相关资产管理人员的职业操守，防范利益冲突和道德风险。

第三十条　资产管理业务投资经理、交易执行、风险控制等岗位必须相互独立，并配备专职业务人员，不得相互兼任。

期货公司应当将资产管理业务投资经理、交易执行和风险控制等岗位的业务人员及其变动情况，自人员到岗或者变动之日起5个工作日内向住所地中国证监会派出机构备案。

第三十一条　期货公司应当有效执行资产管理业务风险控制制度，对期货资产管理账户日常交易情况和非期货类投资账户进行风险识别、监测，及时执行风险控制措施。

第三十二条　期货公司应当有效执行资产管理业务交易监控制度，对期货资产管理账户之间、期货资产管理账户与期货经纪业务客户账户之间、非期货类投资账户之间进行的可疑交易或者不公平交易行为进行监控，对资产管理投资策略及其执行情况、持仓头寸及其比例进行监控，并于月度结束后5个工作日内向住所地中国证监会派出机构及监控中心报告。

第三十三条 期货公司及其资产管理人员不得以获取佣金、转移收益或者亏损等为目的,在同一或者不同账户之间进行不公平交易,损害客户合法权益。

第三十四条 期货公司应当对不同期货资产管理账户之间、期货资产管理账户与期货经纪业务客户账户之间、非期货类投资账户之间同日同向交易、临近交易日的同向交易和反向交易的交易时机和交易价差进行监控和分析,防止不公平交易和利益输送行为。

期货公司应当严格禁止不同期货资产管理账户之间、期货资产管理账户与期货经纪业务客户账户之间、非期货类投资账户之间可能导致不公平交易和利益输送的同日反向交易。

第三十五条 发生以下情形之一的,期货公司资产管理部门应当立即向公司总经理和首席风险官报告:

(一)资产管理业务被交易所调查或者采取风险控制措施,或者被有权机关调查;

(二)客户提前终止资产管理委托;

(三)其他可能影响资产管理业务开展和客户权益的情形。

第三十六条 期货公司首席风险官负责监督资产管理业务有关制度的制定和执行,对资产管理业务的合规性定期检查,并依法履行督促整改和报告义务。

期货公司首席风险官向住所地中国证监会派出机构报送的季度报告、年度报告中应当包括本公司资产管理业务的合规及其检查情况。

第三十七条 期货公司应当按照本办法和期货公司信息公示有关要求,在中期协网站上对资产管理业务试点资格、从业人员、主要投资策略、投资方向及其风险特征等基本情况进行公示。

★考点回顾 单选

期货公司应当将资产管理业务投资经理、交易执行和风险控制等岗位的业务人员及其变动情况,自人员到岗或者变动之日起( )个工作日内向住所地中国证监会派出机构备案。

A. 3　　　　　B. 5　　　　　C. 15　　　　　D. 30

【答案】B

第五章　账户监测监控

第三十八条 期货公司应当按照期货保证金安全存管规定向监控中心报送期货资产管理账户的数据信息。

期货公司应当每日向监控中心报送非期货类投资账户的盈亏、净值等数据信息。

第三十九条 期货公司期货资产管理账户应当遵守期货交易所风险控制管理规

定等相关要求。

第四十条　期货交易所应当对期货公司的期货资产管理账户及其交易编码进行重点监控，发现期货资产管理账户违法违规交易的，应当按照职责及时处置并报告中国证监会。

第四十一条　监控中心应当对期货公司的期货资产管理账户及其交易编码进行重点监测监控，发现期货资产管理账户重大异常情况的，应当按照职责及时报告中国证监会及其派出机构。

第四十二条　中国证监会派出机构发现资产管理业务存在违法违规或者重大异常情况的，应当对期货公司进行核查或者采取相应监管措施，有关核查结果和监管措施应当及时报告中国证监会。

第六章　监督管理和法律责任

第四十三条　期货公司从事资产管理业务，其净资本应当持续符合中国证监会有关期货公司风险监管指标的规定和要求。

第四十四条　期货公司应当按照规定的内容与格式要求，于月度结束后 7 个工作日内向中国证监会及其派出机构报送资产管理业务月度报告。

期货公司应当于年度结束后 3 个月内向中国证监会及其派出机构提交上一年度资产管理业务年度报告。

本条第一款、第二款规定的定期报告应当由期货公司的资产管理业务负责人、首席风险官和总经理签字。

第四十五条　期货公司应当按照《期货公司管理办法》规定的年限和要求，妥善保存有关资产管理业务的实施方案、投资策略、客户承诺书、风险揭示书、合同、财务、交易记录、监控记录等业务材料和信息。

第四十六条　资产管理业务提前终止、被交易所调查或者采取风险控制措施，或者被有权机关调查的，期货公司应当立即报告中国证监会及其派出机构。

第四十七条　中国证监会及其派出机构可以对期货公司资产管理业务进行定期或者不定期检查。

第四十八条　期货公司及其业务人员开展资产管理业务不符合本办法规定，涉嫌违法违规或者存在风险隐患的，中国证监会及其派出机构应当依法责令其限期整改，同时可以采取监管谈话、责令更换有关责任人员等监管措施并记入诚信档案。

第四十九条　期货公司限期未能完成整改或者发生下列情形之一的，中国证监会可以暂停其开展新的资产管理业务：

（一）风险监管指标不符合规定；

（二）高级管理人员和业务人员不符合规定要求；

（三）超出本办法规定或者合同约定的投资范围从事资产管理业务；

（四）其他影响资产管理业务正常开展的情形。

前款规定情形消除并经检查验收后，期货公司可以继续开展新的资产管理业务。

第五十条 期货公司或者其业务人员开展资产管理业务有下列情形之一，情节严重的，中国证监会可以撤销其资产管理业务试点资格，并依照《期货交易管理条例》第七十条、第七十一条等有关规定作出行政处罚；涉嫌犯罪的，依法移送司法机关：

（一）在公开媒体上向公众推广、宣传资产管理业务或者招揽客户；

（二）以夸大资产管理业绩等方式欺诈客户；

（三）接受单一客户的起始委托资产低于本办法规定的最低限额；

（四）明知客户资金来自违规集资，仍接受其委托开展资产管理业务；

（五）接受未对资产来源及用途的合法性进行书面承诺的客户的委托开展资产管理业务；

（六）向客户承诺或者担保委托资产的最低收益或者分担损失；

（七）以获取佣金、转移收益或者亏损等为目的，在同一或者不同账户之间进行不公平交易；

（八）占用、挪用客户委托资产；

（九）以自有资产或者假借他人名义违规参与期货公司资产管理业务；

（十）报送或者提供虚假账户信息；

（十一）其他违反本办法规定的行为。

考点回顾｜单选

期货公司应当按照规定的内容与格式要求，于月度结束后（　　）个工作日内向中国证监会及其派出机构报送资产管理业务月度报告。

A. 10　　　　B. 7　　　　C. 5　　　　D. 3

【答案】B

第七章　附　则

第五十一条 本办法第二条所称期货公司接受特定多个客户的委托从事资产管理业务的具体规定，由中国证监会另行制定。

第五十二条 期货公司开展资产管理业务，投资于本办法第十二条第一款第（二）项规定的非期货类品种的，应当遵守相应法律法规规定及有关监管要求。

第五十三条 本办法自 2012 年 9 月 1 日起施行。

协会自律规则

期货从业人员执业行为准则（修订）

《期货从业人员执业行为准则（修订）》于 2008 年 4 月 30 日公布，自公布之日起施行。

第一章 总 则

第一条 为规范期货从业人员（以下简称从业人员）执业行为，促使其提高职业道德和业务素质，维护期货市场秩序，根据《期货交易管理条例》和《期货从业人员管理办法》的有关规定，制定本准则。

第二条 本准则是对从业人员的职业品德、执业纪律、专业胜任能力及职业责任等方面的基本要求和规定，是从业人员在执业过程中必须遵守的行为规范，是中国期货业协会（以下简称协会）对从业人员进行纪律惩戒的主要依据。

第三条 本准则所称机构是指《期货从业人员管理办法》第三条所规定的机构；从业人员是指《期货从业人员管理办法》第四条规定的人员。

第二章 基本准则

第四条 从业人员必须遵守有关法律、法规、规章和政策，服从中国证券监督管理委员会（以下简称中国证监会）的监督与管理，服从协会的自律性管理，遵守期货交易所有关规则和所在机构的规章制度。

第五条 从业人员在执业过程中应当坚持期货市场的公开、公平、公正原则，自觉抵制不正当交易和商业贿赂，不得从事不正当交易行为和不正当竞争，维护期货交易各方的合法权益。

第六条 从业人员在执业过程中应当对期货交易各方高度负责，诚实守信，恪尽职守，珍惜、维护期货业和从业人员的职业声誉，保障期货市场稳健运行。

第七条 从业人员在执业过程中应当以专业的技能，以小心谨慎、勤勉尽责和独立客观的态度为投资者提供服务，维护投资者的合法权益。

第八条 从业人员应当保守国家秘密、所在机构秘密、投资者的商业秘密及个人隐私，对在执业过程中所获得的未公开的重要信息应当履行保密义务，不得泄露、传递给他人，但下列情况除外：

（一）有关法律、法规、规章等要求提供的；

（二）国家司法部门、政府监管部门、协会和期货交易所按照有关规定进行调查取证的；

（三）从业人员在执业过程中，为保护自己的合法权益而必须公开的。

从业人员对投资者服务结束或者离开所在机构后，仍应当保守投资者或者原所在机构的秘密。

第九条　从业人员在执业过程中遇到自身利益或相关方利益与投资者的利益发生冲突或可能发生冲突时，必须及时向投资者披露发生冲突的可能性及有关情况，并尽量避免冲突；当无法避免时，应当确保投资者的利益得到公平的对待。

第三章　合规执业

第十条　从业人员必须遵守有关法律、行政法规和中国证监会的规定，遵守协会和期货交易所的自律规则，不得从事或者协同他人从事欺诈、内幕交易、操纵期货交易价格、编造并传播有关期货交易的虚假信息等违法违规行为。

第十一条　从业人员不得以个人或者他人名义参与期货交易。

第十二条　期货公司的从业人员不得有下列行为：

（一）以个人名义接受客户委托代理客户从事期货交易；

（二）进行虚假宣传，诱骗客户参与期货交易；

（三）挪用客户的期货保证金或者其他资产；

（四）中国证监会禁止的其他行为。

第十三条　期货交易所的非期货公司结算会员的从业人员不得有下列行为：

（一）利用结算业务关系及由此获得的结算信息损害非结算会员及其客户的合法权益；

（二）代理客户从事期货交易；

（三）中国证监会禁止的其他行为。

第十四条　期货投资咨询机构的从业人员不得有下列行为：

（一）利用传播媒介或者通过其他方式提供、传播虚假或者误导客户的信息；

（二）代理客户从事期货交易；

（三）中国证监会禁止的其他行为。

第十五条　为期货公司提供中间介绍业务的机构的从业人员不得有下列行为：

（一）收付、存取或者划转期货保证金；

（二）代理客户从事期货交易；

（三）中国证监会禁止的其他行为。

第四章　专业胜任能力

第十六条　从业人在从事期货业务前，应当参加岗前培训并通过考核，具备相应的专业知识、技能和职业道德。

第十七条　从业人员应当加强业务知识更新，接受后续职业培训，保持并不断提高专业胜任能力。

第十八条　机构的管理人员应当对下属从业人员的工作进行指导、监督和支持，使其保持并不断提高专业胜任能力。

第五章　对投资者的责任

第十九条　从业人员在向投资者提供服务前，应当了解投资者的财务状况、投资经验及投资目标，并应谨慎、诚实、客观地告知投资者期货投资的特点以及在期货投资中可能出现的各种风险，不得向投资者做出不符合有关法律、法规、规章、政策等规定的承诺或保证。

第二十条　从业人员在进行投资分析或者提出投资建议时，应当勤勉尽责、独立客观，投资分析及投资建议要有合理、充足的依据，要严格区分客观事实与主观判断，并对重要事实予以明示。

第二十一条　从业人员应当如实向投资者申明其所具有的执业能力，不得向投资者提供虚假文件、材料。从业人员应当保护投资者的合法利益，不得以损害投资者利益的手段谋取个人或者相关方利益。

第二十二条　从业人员在向投资者提供服务时应当公平地对待投资者。

第二十三条　从业人员不得疏怠履行应承担的义务：

（一）从业人员应当严格按照有关期货业务规则规定办理相关期货业务；

（二）从业人员应当及时告知投资者有关期货业务的情况，对投资者了解交易情况等合理的要求，应当在其职责范围内尽快给予答复；

（三）从业人员应当在法律法规及公司制度规定范围内根据客户授权进行期货业务。

第二十四条　从业人员不得迎合投资者的不合理要求，不得为了投资者利益而损害社会公共利益、所在机构的合法利益或者他人的合法权益。

第六章　竞业准则

第二十五条　从业人员应当相互尊重、同业互助，共同维护本行业的职业道德，提高职业声誉。

第二十六条　提倡同业公平竞争，严禁从业人员从事下列不正当竞争行为：

（一）采用虚假或容易引起误解的宣传方式进行自我夸大或者损害其他同业者的名誉；

（二）贬低或诋毁其他机构、从业人员；

（三）采用明示或暗示与有关机构或者个人具有特殊关系的手段招徕投资者，或利用与有关组织的关系进行业务垄断；

（四）在投资者不知情的情况下给投资者代理人或介绍人返还佣金；

（五）以排挤竞争对手为目的，低于经营成本或行业自律标准收取手续费；

（六）中国证监会或协会认定的其他不正当竞争行为。

第二十七条　从业人员不得阻挠或者拒绝投资者另外委托其他机构或者从业人员提供服务，共同服务的从业人员之间应当明确分工和协作。

第二十八条　机构的管理人员不得以不正当手段招徕其他机构在职从业人员，不得以不正当手段辞退本机构从业人员。

第七章　其他责任

第二十九条　从业人员在执业过程中不得获取不正当利益。

获取不正当利益的，应当退还。

第三十条 除所在机构同意外，从业人员不得兼任导致或者可能导致与现任职务产生实际或潜在利益冲突的其他组织的职务。

第三十一条 从业人员应当严格自律、洁身自好：

（一）对机构管理人员所发出的违法违规指令，从业人员应当予以抵制，并及时按照所在机构内部程序向高级管理人员或者董事会报告；机构未妥善处理的，从业人员应当及时向中国证监会或者协会报告。

从业人员发现所在机构有欺骗投资者、对市场严重不负责任等行为时，应当坚持原则，并及时向有关部门反映或举报。

（二）从业人员不能片面地强调业务的发展而忽视投资者信誉，更不能从个人利益出发与投资者恶意串通。发现投资者有不诚信、违法违规的行为时，应当及时向所在机构报告，并注意防范投资者的信用风险。

第三十二条 当从业人员与其所服务的投资者存在利益冲突或因其他原因无法继续提供期货业务服务时，应当通过所在机构及时与投资者协商，采取更换从业人员或其他办法予以妥善解决。

第三十三条 从业人员因执业过错给机构造成损失的，应当承担相应责任。

第八章　监督及惩戒

第三十四条 机构的管理人员应当指导、监督下属从业人员遵守有关法律、法规、规章及本准则。

第三十五条 从业人员有违反有关法律、法规、规章或本准则行为的，任何人都可以向协会进行举报。

从业人员受到机构处分，或者从事的期货业务行为涉嫌违法违规被调查处理的，机构应当在做出处分决定、知悉或者应当知悉该从业人员违法违规被调查处理事项之日起10个工作日内向协会报告。

对于违反本条规定的机构，协会要求其按期改正；逾期不改正的，协会给予训诫、公开谴责等措施，同时记入该机构诚信档案。情节严重的，协会移交中国证监会处理。

第三十六条 协会在接到对从业人员违规行为的举报或投诉后，按照规定的程序进行调查，并视违规事实及其后果做出相应的纪律惩戒。

协会对从业人员进行调查或者检查时，被调查人员应当积极配合。

第三十七条 从业人员违反本准则，情节轻微，且没有造成严重后果的，予以训诫，训诫以训诫信的形式向个人发出。

第三十八条 从业人员违反本准则，情节严重，并造成严重后果的，予以公开谴责。

第三十九条 从业人员有下列情形之一的，暂停其从业资格6个月至12个月；情节严重的，撤销其从业资格并在3年内拒绝受理其从业资格申请：

（一）本准则第二十六条所禁止行为之一的；

（二）拒绝协会调查或检查的；

（三）获取不正当利益的；

（四）向投资者隐瞒重要事项的；

（五）违反保密义务，泄露、传递他人未公开重要信息的。

第四十条　从业人员有下列情形之一，情节严重的，撤销其从业资格并在3年内或永久性拒绝受理其资格申请：

（一）有本准则第十条至第十五条所禁止行为之一的；

（二）违反有关法律、法规、规章和政策规定向投资者承诺或者保证收益的；

（三）违反有关从业机构的业务管理规定导致重大经济损失的；

（四）为了个人或投资者的不当利益而严重损害社会公共利益、所在机构或者他人的合法权益的。

第四十一条　从业人员违反本准则，情节显著轻微，且没有造成后果的，可免于纪律惩戒，由协会责成从业人员所在机构予以批评教育。

第四十二条　从业人员受到纪律惩戒的，协会将纪律惩戒信息录入协会从业资格数据库。

第四十三条　从业人员受到训诫、公开谴责和暂停从业资格的纪律惩戒的，应当参加协会组织的专项后续职业培训。

第四十四条　对从业人员的纪律惩戒由协会纪律委员会做出，从业人员对纪律惩戒不服的，可向协会申诉委员会申诉，申诉委员会做出的审议决定为最终决定。

第四十五条　从业人员与投资者或所在机构发生纠纷而无法自行合理解决的，可以按照规定的程序，提请协会进行调解。

第四十六条　从业人员违反国家法律、法规的执业行为，需要中国证监会给予行政处罚的，协会应当及时移送中国证监会处理。

★考点回顾｜综合

刘某为甲期货公司从业人员，乙期货公司承诺给刘某较高的返佣后，刘某私下将新开发的客户介绍给乙期货公司。刘某可能受到的纪律惩戒是（　　）。

A. 暂停从业资格　　　　　　B. 公开谴责

C. 训诫　　　　　　　　　　D. 罚款

【答案】ABC

第九章　附　则

第四十七条　本准则经中国证监会核准，自颁布之日起实施。2003年7月1日颁布的《期货从业人员执业行为准则》同时废止。

期货经营机构投资者适当性管理实施指引（试行）

为加强投资者保护，进一步完善期货行业自律规则体系，引导期货经营机构开展投资者适当性管理，根据中国证监会《证券期货投资者适当性管理办法》的要求，中国期货业协会制定了《期货经营机构投资者适当性管理实施指引（试行）》。

第一章 总则

第一条 为了指导、督促期货经营机构有效落实适当性管理要求，维护投资者合法权益，根据《期货交易管理条例》、《证券期货投资者适当性管理办法》（以下简称《办法》）及相关法律法规，制定本指引。

第二条 期货公司、期货公司子公司以及其他期货经营机构（以下简称"经营机构"）向投资者公开销售或者非公开转让期货及其他衍生产品，或者为投资者提供证券期货相关业务服务，适用本指引。

第三条 经营机构应当根据法律、行政法规、监管规定和本指引的要求，制定投资者适当性管理制度，在经营中勤勉尽责，审慎履职，向投资者销售适当的产品或者提供适当的服务。

第四条 中国期货业协会（以下简称"协会"）按照《办法》、本指引及其他规定对经营机构履行适当性义务进行自律管理。

第二章 投资者分类

第五条 经营机构向投资者销售产品或者提供服务时，应当充分了解《办法》第六条规定的投资者信息，可以采用但不限于以下方式：
（一）查询、收集投资者资料；
（二）问卷调查；
（三）知识测试；
（四）其他现场或非现场沟通等。

第六条 投资者对其提供的信息和证明材料的真实性、准确性、完整性负责，并配合经营机构进行适当性评估、分类及匹配管理。投资者提供的信息发生重要变化，可能影响其投资者分类的，应当及时告知经营机构。

第七条 经营机构应当按照《办法》要求，将投资者分为普通投资者和专业投资者，并实施差异化适当性管理。

第八条 符合《办法》第八条（一）、（二）、（三）项条件的投资者，应当向经营机构提供营业执照、经营业务许可证、登记或备案证明、开户类型证明等身份资质证明材料。经营机构审核通过的，可将其直接认定为专业投资者，并将认定结果书面告知投资者。

第九条　符合《办法》第八条（四）、（五）项条件的投资者划分为专业投资者时，应当遵循以下程序：

（一）投资者提出申请，并提供以下证明材料：

（1）机构投资者提供最近一年的财务报表、金融资产证明文件、本机构的投资经历等；

（2）自然人投资者提供近一个月本人的金融资产证明文件或近3年收入证明、投资经历或工作证明、职业资格证书等。

（二）经营机构审核通过的，认定其为专业投资者。

第十条　经营机构应当将普通投资者按其风险承受能力至少划分为五类，由低至高分别为C1（含风险承受能力最低类别）、C2、C3、C4、C5类。

第十一条　经营机构可以制作投资者风险承受能力评估问卷以了解投资者风险承受能力情况：

（一）问卷内容应当至少包括收入来源和数额、资产状况、债务、投资知识和经验、风险偏好、诚信状况等因素；

（二）问卷问题不少于10个；

（三）问卷应当根据评估选项与风险承受能力的相关性，合理设定选项的分值和权重，建立评估得分与风险承受能力等级的对应关系。

经营机构应当根据了解的投资者信息，结合问卷评估结果，对其风险承受能力进行综合评估。

经营机构在投资者填写风险承受能力评估问卷时，不得进行诱导、误导、欺骗投资者，影响填写结果。

第十二条　风险承受能力经评估为C1类的自然人投资者，符合以下情形之一的，经营机构可以将其认定为风险承受能力最低类别的投资者：

（一）不具有完全民事行为能力；

（二）没有风险容忍度或者不愿承受任何投资损失；

（三）法律、行政法规规定的其他情形。

第十三条　符合《办法》第十一条规定条件的普通投资者，可以申请转化为专业投资者。申请转化流程如下：

（一）投资者填写转化申请书，确认自主承担可能产生的风险和后果，提交符合转化条件的证明材料；

（二）经营机构对投资者提供的资料进行审核，通过追加了解投资者信息、开展投资知识测试或者模拟交易等方式对投资者进行审慎评估，确认其符合转化要求；

（三）经营机构同意投资者转化的，应当向其说明对普通投资者和专业投资者履行适当性义务的差别,警示可能承担的投资风险;经营机构不同意投资者转化的,应当告知其评估结果及理由。

第十四条 符合《办法》第八条第(四)(五)项规定条件的专业投资者,如需转化为普通投资者,应当书面告知经营机构。经营机构应当按照普通投资者的标准,对其履行相应的适当性评估、匹配与管理义务。

第十五条 经营机构应当建立投资者适当性评估数据库,收录投资者信息并及时更新。数据库中应当至少包含以下信息:

(一)《办法》第六条所规定的投资者信息;

(二)投资者在本经营机构从事投资活动所产生的失信行为记录;

(三)投资者历次风险承受能力评估问卷内容、评级时间、评级结果等;

(四)投资者申请成为专业投资者或者不同类别投资者转化的申请及审核记录等;

(五)中国证监会、协会及经营机构认为必要的其它信息。

第十六条 经营机构应当保障投资者评估数据库正常运行,有效满足投资者适当性管理需求。

投资者评估数据库应纳入经营机构信息技术系统运维管理体系统一管理。

第十七条 经营机构应当利用投资者评估数据库及交易行为记录等信息,持续跟踪和评估投资者风险承受能力,必要时调整其风险承受能力等级。经营机构调整投资者风险承受能力等级的,应当将风险承受能力评估结果交投资者签署确认,并以书面方式记载留存。

第三章 产品(服务)分级

第十八条 协会负责制定期货行业的产品或服务风险等级名录。如产品或服务发生变化,协会应根据情况及时更新名录。

第十九条 期货行业产品或服务的风险等级原则上由低到高划分为五级,分别为 R1、R2、R3、R4、R5 级。

经营机构评估相关产品或服务的风险等级,不得低于协会名录规定的风险等级。

高风险等级的产品或服务可以由经营机构自主确定,但应当至少包含本指引规定的 R5 风险等级的产品或服务。

第二十条 经营机构应当了解所销售产品或者所提供服务的信息,综合考虑流动性、到期时限、杠杆情况、结构复杂性、投资单位产品或者相关服务的最低金额、投资方向和投资范围、募集方式、发行人等相关主体的信用状况、同类产品或服务过往业绩等因素,根据风险特征和程度审慎评估、划分风险等级。

经营机构应当制作产品或服务风险等级评估表,根据产品或服务的评估因素与风险等级的相关性,确定各项评估因素的分值和权重,建立评估分值与产品或服务风险等级的对应关系。

涉及投资组合的产品或服务，应当按照产品或服务整体风险等级进行评估。

第二十一条　产品或服务对投资者有准入条件要求的，经营机构应当加强要件审核，审慎向符合准入条件的投资者销售产品或者提供服务。

第二十二条　经营机构委托其他机构销售本机构发行的产品或者提供服务，应当确认受托机构具备销售相关产品的资格及落实适当性义务要求的人员、内控制度、技术设备等能力。

经营机构应当制定并告知代销方所委托产品或者提供服务的适当性管理标准和要求，代销方应当严格执行，但法律、行政法规、中国证监会其他规章另有规定的除外。

第四章　适当性匹配与管理

第二十三条　经营机构按照"适当的产品销售给适当的投资者"的原则销售产品或者提供服务，应当遵守下列匹配要求：

（一）投资期限、投资品种、期望收益等符合投资者的投资目标；

（二）产品或服务的风险等级符合投资者的风险承受能力等级；

（三）中国证监会、协会和经营机构规定的其他匹配要求。

第二十四条　普通投资者风险承受能力等级与产品或服务风险等级的匹配，应当按照以下标准确定：

（一）C1类投资者（含风险承受能力最低类别）可购买或接受R1风险等级的产品或服务；

（二）C2类投资者可购买或接受R1、R2风险等级的产品或服务；

（三）C3类投资者可购买或接受R1、R2、R3风险等级的产品或服务；

（四）C4类投资者可购买或接受R1、R2、R3、R4风险等级的产品或服务；

（五）C5类投资者可购买或接受R1、R2、R3、R4、R5风险等级的产品或服务。

风险承受能力最低类别的投资者只可购买或接受R1风险等级的产品或服务。

专业投资者可购买或接受所有风险等级的产品或服务。

第二十五条　投资者主动要求购买风险等级高于其风险承受能力的产品或者接受相关服务的，经营机构在确认其不属于风险承受能力最低类别投资者后，应当要求投资者签署特别风险警示书，确认其已知悉产品或服务的风险特征、风险高于投资者承受能力的事实及可能引起的后果。

第二十六条　经营机构向普通投资者销售产品或者提供服务前，应当按照《办法》第二十三条的规定告知可能的风险事项及明确的适当性匹配意见。

第二十七条　经营机构应当告知投资者，应综合考虑自身风险承受能力与经营机构的适当性匹配意见，独立做出投资决策并承担投资风险；经营机构提出的适当性匹配意见不表明其对产品或服务的风险和收益做出实质性判断或者保证，其履行投资者适当性职责不能取代投资者的投资判断，不会降低产品或服务的固有风险，也不会影响其依法应当承担的投资风险、履约责任以及费用。

第二十八条 经营机构向普通投资者销售或者提供高风险等级的产品或服务时，应当履行以下适当性义务：

（一）追加了解投资者的相关信息；

（二）向投资者提供特别风险警示书，揭示该产品或服务的高风险特征，由投资者签字确认；

（三）给予投资者至少 24 小时的冷静期或至少增加一次回访告知特别风险。

第二十九条 经营机构应当根据投资者和产品或服务的信息变化情况，主动调整投资者分类、产品或服务分级以及适当性匹配意见，并告知投资者。

第五章 经营机构的适当性内控管理

第三十条 经营机构应当制定投资者适当性管理的内部制度，包括但不限于以下内容：

（一）了解投资者的标准、方法和流程；

（二）投资者分类的依据、方法和流程；

（三）了解产品或服务的标准、方法和流程；

（四）产品或服务分级的依据、方法和流程；

（五）适当性匹配的标准、方法和流程；

（六）执行投资者适当性管理内部制度的保障措施。

第三十一条 经营机构通过现场方式向普通投资者履行本指引第十三条、第二十六条、第二十八条和第二十九条规定的告知、警示程序的，应当全过程录音或者录像；通过互联网等非现场方式履行告知、警示程序的，经营机构应当完善配套留痕安排，由普通投资者通过符合法律、行政法规要求的电子方式进行确认。

第三十二条 经营机构应当建立投资者适当性评估与销售隔离机制，销售人员不得参与投资者的分类评估、产品与服务的分级评估，以及投资者与产品或服务的匹配。

第三十三条 经营机构应当建立健全回访制度，由从事销售推介业务以外的人员，以电话、电邮、信函、短信等适当方式，每年抽取一定比例进行适当性回访。对于下列普通投资者，经营机构应当进行回访：

（一）生活来源主要依靠积蓄或社会保障的；

（二）购买或接受高风险产品或服务的；

（三）中国证监会、协会和经营机构认为必要的其他投资者。

第三十四条 回访的内容包括但不限于：

（一）受访人是否为投资者本人或者本机构；

（二）受访人是否亲自填写了相关信息表格、问卷，并按要求签字或者盖章；

（三）受访人此前提供的信息是否发生重要变化；

（四）受访人是否已知晓风险揭示或者警示的内容；

（五）受访人是否已知晓风险承受能力应当与所购买的产品或服务相匹配；

（六）受访人是否已知晓可能承担的费用及相关投资损失；

（七）经营机构及其从业人员是否存在《办法》第二十二条禁止的行为；

（八）中国证监会、协会和经营机构认为必要的其他内容。

第三十五条　经营机构应当每年至少开展一次适当性培训，提高相关岗位从业人员的适当性管理知识与技能，不断提升适当性执业规范水平。

第三十六条　经营机构应当明确专门部门对适当性管理工作开展情况进行监督检查，至少每半年开展一次适当性自查，并于每年的三月底及九月底前形成半年度自查报告，报告内容包括但不限于适当性制度建设、适当性评估与匹配、数据库管理、培训记录、资料保管、投诉处理、存在问题与整改措施等情况。

经营机构发现违反适当性管理要求的，应当按照相关要求及时处理并主动报告。

第三十七条　经营机构应当将相关岗位从业人员的适当性工作履职情况、投诉情况等纳入监督问责机制，确保从业人员切实履行适当性义务。

经营机构不得采取可能鼓励其从业人员向投资者销售不适当产品或提供不适当服务的考核、激励机制或措施。

第三十八条　经营机构可以向投资者披露本机构的适当性管理制度，协会鼓励经营机构通过网站、经营场所等披露投资者分类政策、产品或服务分级政策和自查报告等。

第三十九条　经营机构应当妥善保存与履行投资者适当性管理职责有关的信息和资料，包括但不限于匹配方案、告知警示资料、录音录像资料、自查报告等，保存期限不得少于 20 年。

第四十条　经营机构及其从业人员应当对在履行投资者适当性工作职责过程中获取的投资者信息、投资者风险承受能力评估结果等信息和资料严格保密，防止信息和资料被泄露或者被不当利用。

第四十一条　经营机构应当将适当性纠纷处理纳入本机构的投诉管理办法，明确纠纷的处理机制。投资者提出调解的，经营机构应当积极配合，优先通过协商解决争议。

第六章　自律管理

第四十二条　协会可采取现场或者非现场检查等方式，对经营机构建立和执行投资者适当性制度的情况进行定期或者不定期检查。

第四十三条　经营机构及其从业人员应当积极配合协会检查工作，不得拒绝、拖延提供有关资料，或者提供不真实、不准确、不完整的资料。

第四十四条 经营机构及其从业人员履行投资者适当性职责时违反本指引的，协会将依据自律规则规定采取自律惩戒措施。

经营机构与投资者之间发生适当性纠纷，可以向协会申请调解。

第七章 附 则

第四十五条 本指引所称书面形式包括纸质或者电子形式。

第四十六条 经营机构履行投资者适当性义务时，可以根据实际情况对附件的内容加以调整和补充，但不得低于本指引及附件规定的标准。

第四十七条 除境外期货经营机构转委托代理开展特定品种交易的情形外，经营机构向境外投资者销售产品或者提供服务，应当遵守本指引规定。

第四十八条 经理事会同意，协会发布产品或服务风险等级名录。

第四十九条 本指引所规定条款与其它证券期货自律规则条款内容发生竞合的，在不与《办法》内容、原则、精神、内在逻辑及证监会相关解释相违背的情况下，适用较为严格的规定条款。

第五十条 本指引经协会第四届理事会第十四次会议（临时）审议通过。

第五十一条 本指引的解释权归协会理事会。

第五十二条 本指引自2017年7月1日起施行。2012年9月27日发布、2015年4月3日修订发布的《期货公司资产管理业务投资者适当性评估程序》，2010年2月9日发布、2013年9月3日修订发布的《期货公司执行金融期货投资者适当性制度管理规则（修订）》同时废止。

其 他

其他

中华人民共和国刑法修正案

（《中华人民共和国刑法修正案》于 1999 年 12 月 25 日由中华人民共和国第九届全国人民代表大会常务委员会第 13 次会议通过）

为了惩治破坏社会主义市场经济秩序的犯罪，保障社会主义现代化建设的顺利进行，对刑法作如下补充修改：

一、第一百六十二条后增加一条，作为第一百六十二条之一："隐匿或者故意销毁依法应当保存的会计凭证、会计账簿、财务会计报告，情节严重的，处五年以下有期徒刑或者拘役，并处或者单处二万元以上二十万元以下罚金。

"单位犯前款罪的，对单位判处罚金，并对其直接负责的主管人员和其他直接责任人员，依照前款的规定处罚。"

二、将刑法第一百六十八条修改为："国有公司、企业的工作人员，由于严重不负责任或者滥用职权，造成国有公司、企业破产或者严重损失，致使国家利益遭受重大损失的，处三年以下有期徒刑或者拘役；致使国家利益遭受特别重大损失的，处三年以上七年以下有期徒刑。

"国有事业单位的工作人员有前款行为，致使国家利益遭受重大损失的，依照前款的规定处罚。"

"国有公司、企业、事业单位的工作人员，徇私舞弊，犯前两款罪的，依照第一款的规定从重处罚。"

三、将刑法第一百七十四条修改为："未经国家有关主管部门批准，擅自设立商业银行、证券交易所、期货交易所、证券公司、期货经纪公司、保险公司或者其他金融机构的，处三年以下有期徒刑或者拘役，并处或者单处二万元以上二十万元以下罚金；情节严重的，处三年以上十年以下有期徒刑，并处五万元以上五十万元以下罚金。"

"伪造、变造、转让商业银行、证券交易所、期货交易所、证券公司、期货经纪公司、保险公司或者其他金融机构的经营许可证或者批准文件的，依照前款的规定处罚。"

"单位犯前两款罪的，对单位判处罚金，并对其直接负责的主管人员和其他直接责任人员，依照第一款的规定处罚。"

四、将刑法第一百八十条修改为："证券、期货交易内幕信息的知情人员或者非法获取证券、期货交易内幕信息的人员，在涉及证券的发行，证券、期货交易或者其他对证券、期货交易价格有重大影响的信息尚未公开前，买入或者卖出该证券，或者从事与该内幕信息有关的期货交易，或者泄露该信息，情节严重的，处五年以下有期徒刑或者拘役，并处或者单处违法所得一倍以上五倍以下罚金；情节特别严重的，处五年以上十年以下有期徒刑，并处违法所得一倍以上五倍以下罚金。

"单位犯前款罪的，对单位判处罚金，并对其直接负责的主管人员和其他直接责任人员，处五年以下有期徒刑或者拘役。"

"内幕信息、知情人员的范围，依照法律、行政法规的规定确定。"

考点回顾 判断

单位犯证券、期货内幕交易、泄露内幕信息罪的，对单位判处罚金，并对其直接负责的主管人员和其他直接责任人员，处五年以下有期徒刑或者拘役。（　　）

A. 正确　　　　　　　　B. 错误

【答案】A

五、将刑法第一百八十一条修改为："编造并且传播影响证券、期货交易的虚假信息，扰乱证券、期货交易市场，造成严重后果的，处五年以下有期徒刑或者拘役，并处或者单处一万元以上十万元以下罚金。"

"证券交易所、期货交易所、证券公司、期货经纪公司的从业人员，证券业协会、期货业协会或者证券期货监督管理部门的工作人员，故意提供虚假信息或者伪造、变造、销毁交易记录，诱骗投资者买卖证券、期货合约，造成严重后果的，处五年以下有期徒刑或者拘役，并处或者单处一万元以上十万元以下罚金；情节特别恶劣的，处五年以上十年以下有期徒刑，并处二万元以上二十万元以下罚金。"

"单位犯前两款罪的，对单位判处罚金，并对其直接负责的主管人员和其他直接责任人员，处五年以下有期徒刑或者拘役。"

六、将刑法第一百八十二条修改为："有下列情形之一，操纵证券、期货交易价格，获取不正当利益或者转嫁风险，情节严重的，处五年以下有期徒刑或者拘役，并处或者单处违法所得一倍以上五倍以下罚金：

（一）单独或者合谋，集中资金优势、持股或者持仓优势或者利用信息优势联合或者连续买卖，操纵证券、期货交易价格的；

（二）与他人串通，以事先约定的时间、价格和方式相互进行证券、期货交易，或者相互买卖并不持有的证券，影响证券、期货交易价格或者证券、期货交易量的；

（三）以自己为交易对象，进行不转移证券所有权的自买自卖，或者以自己为交易对象，自买自卖期货合约，影响证券、期货交易价格或者证券、期货交易量的；

（四）以其他方法操纵证券、期货交易价格的。

"单位犯前款罪的，对单位判处罚金，并对其直接负责的主管人员和其他直接责任人员，处五年以下有期徒刑或者拘役。"

七、将刑法第一百八十五条修改为："商业银行、证券交易所、期货交易所、证券公司、期货经纪公司、保险公司或者其他金融机构的工作人员利用职务上的便利,挪用本单位或者客户资金的,依照本法第二百七十二条的规定定罪处罚。"

"国有商业银行、证券交易所、期货交易所、证券公司、期货经纪公司、保险公司或者其他国有金融机构的工作人员和国有商业银行、证券交易所、期货交易所、证券公司、期货经纪公司、保险公司或者其他国有金融机构委派到前款规定中的非国有机构从事公务的人员有前款行为的,依照本法第三百八十四条的规定定罪处罚。"

八、刑法第二百二十五条增加一项,作为第三项:"未经国家有关主管部门批准,非法经营证券、期货或者保险业务的;"原第三项改为第四项。

九、本修正案自公布之日起施行。

中华人民共和国刑法修正案（六）摘选

(《中华人民共和国刑法修正案（六）》于2006年6月29日由中华人民共和国第十届全国人民代表大会常务委员会第22次会议通过及公布，自公布之日起施行)

摘 选

七、将刑法第一百六十三条修改为："公司、企业或其他单位的工作人员利用职务上的便利，索取他人财物或者非法收受他人财物，为他人谋取利益，数额较大的，处五年以下有期徒刑或者拘役；数额巨大的，处五年以上有期徒刑，可以并处没收财产。"

"公司、企业或者其他单位的工作人员在经济往来中，利用职务上的便利，违反国家规定，收受各种名义的回扣、手续费，归个人所有的，依照前款的规定处罚。"

"国有公司、企业或者其他国有单位中从事公务的人员和国有公司、企业或者其他国有单位委派到非国有公司、企业以及其他单位从事公务的人员有前两款行为的，依照本法第三百八十五条、第三百八十六条的规定定罪处罚。"

八、将刑法第一百六十四条第一款修改为："为谋取不正当利益，给予公司、企业或者其他单位的工作人员以财物，数额较大的，处三年以下有期徒刑或者拘役；数额巨大的，处三年以上十年以下有期徒刑，并处罚金。"

十一、将刑法第一百八十二条修改为："有下列情形之一，操纵证券、期货市场，情节严重的，处五年以下有期徒刑或者拘役，并处或者单处罚金；情节特别严重的，处五年以上十年以下有期徒刑，并处罚金：

（一）单独或者合谋，集中资金优势、持股或者持仓优势或者利用信息优势联合或者连续买卖，操纵证券、期货交易价格或者证券、期货交易量的；

（二）与他人串通，以事先约定的时间、价格和方式相互进行证券、期货交易，影响证券、期货交易价格或者证券、期货交易量的；

（三）在自己实际控制的账户之间进行证券交易，或者以自己为交易对象，自买自卖期货合约，影响证券、期货交易价格或者证券、期货交易量的；

（四）以其他方法操纵证券、期货市场的。

单位犯前款罪的，对单位判处罚金，并对其直接负责的主管人员和其他直接责任人员，依照前款的规定处罚。"

十二、在刑法第一百八十五条后增加一条，作为第一百八十五条之一："商业银行、证券交易所、期货交易所、证券公司、期货经纪公司、保险公司或者其他金融机构，违背受托义务，擅自运用客户资金或者其他委托、信托的财产，情节严重的，对单位判处罚金，并对其直接负责的主管人员和其他直接责任人员，处三年以下有期徒刑或者拘役，并处三万元以上三十万元以下罚金；情节特别严重的，处三年以上十年以下有期徒刑，并处五万元以上五十万元以下罚金。

"社会保障基金管理机构、住房公积金管理机构等公众资金管理机构，以及保险公司、保险资产管理公司、证券投资基金管理公司，违反国家规定运用资金的，对其直接负责的主管人员和其他直接责任人员，依照前款的规定处罚。"

十四、将刑法第一百八十七条第一款修改为："银行或者其他金融机构的工作人员吸收客户资金不入账，数额巨大或者造成重大损失的，处五年以下有期徒刑或者拘役，并处二万元以上二十万元以下罚金；数额特别巨大或者造成特别重大损失的，处五年以上有期徒刑，并处五万元以上五十万元以下罚金。"

十五、将刑法第一百八十八条第一款修改为："银行或者其他金融机构的工作人员违反规定，为他人出具信用证或者其他保函、票据、存单、资信证明，情节严重的，处五年以下有期徒刑或者拘役；情节特别严重的，处五年以上有期徒刑。"

考点回顾 | 多选

银行或者其他金融机构的工作人员违反规定，为他人出具（　　），情节严重的，处五年以下有期徒刑或者拘役；情节特别严重的，处五年以上有期徒刑。

A. 票据　　　　　　　　　　B. 存单
C. 资信证明　　　　　　　　D. 信用证

【答案】ABCD

十六、将刑法第一百九十一条第一款修改为："明知是毒品犯罪、黑社会性质的组织犯罪、恐怖活动犯罪、走私犯罪、贪污贿赂犯罪、破坏金融管理秩序犯罪、金融诈骗犯罪的所得及其产生的收益，为掩饰、隐瞒其来源和性质，有下列行为之一的，没收实施以上犯罪的所得及其产生的收益，处五年以下有期徒刑或者拘役，并处或者单处洗钱数额百分之五以上百分之二十以下罚金；情节严重的，处五年以上十年以下有期徒刑，并处洗钱数额百分之五以上百分之二十以下罚金：

（一）提供资金账户的；

（二）协助将财产转换为现金、金融票据、有价证券的；

（三）通过转账或者其他结算方式协助资金转移的；

（四）协助将资金汇往境外的；

（五）以其他方法掩饰、隐瞒犯罪所得及其收益的来源和性质的。"

最高人民法院关于审理期货纠纷案件若干问题的规定（一）

（《最高人民法院关于审理期货纠纷案件若干问题的规定（一）》于 2003 年 5 月 16 日由最高人民法院审判委员会第 1270 次会议通过　法释〔2003〕10 号）

为了正确审理期货纠纷案件，根据《中华人民共和国民法通则》、《中华人民共和国合同法》、《中华人民共和国民事诉讼法》等有关法律、行政法规的规定，结合审判实践经验，对审理期货纠纷案件的若干问题制定本规定。

一、一般规定

第一条　人民法院审理期货纠纷案件，应当依法保护当事人的合法权益，正确确定其应承担的风险责任，并维护期货市场秩序。

第二条　人民法院审理期货合同纠纷案件，应当严格按照当事人在合同中的约定确定违约方承担的责任，当事人的约定违反法律、行政法规强制性规定的除外。

第三条　人民法院审理期货侵权纠纷和无效的期货交易合同纠纷案件，应当根据各方当事人是否有过错，以及过错的性质、大小，过错和损失之间的因果关系，确定过错方承担的民事责任。

二、管辖

第四条　人民法院应当依据民事诉讼法第二十四条、第二十五条和第二十九条的规定确定期货纠纷案件的管辖。

第五条　在期货公司的分公司、营业部等分支机构进行期货交易的，该分支机构住所地为合同履行地。

因实物交割发生纠纷的，期货交易所住所地为合同履行地。

第六条　侵权与违约竞合的期货纠纷案件，依当事人选择的诉由确定管辖。当事人既以违约又以侵权起诉的，以当事人起诉状中在先的诉讼请求确定管辖。

第七条　期货纠纷案件由中级人民法院管辖。

高级人民法院根据需要可以确定部分基层人民法院受理期货纠纷案件。

三、承担责任的主体

第八条　期货公司的从业人员在本公司经营范围内从事期货交易行为产生的民事责任，由其所在的期货公司承担。

第九条　期货公司授权非本公司人员以本公司的名义从事期货交易行为的，期货公司应当承担由此产生的民事责任；非期货公司人员以期货公司名义从事期货交易行为，具备合同法第四十九条所规定的表见代理条件的，期货公司应当承担由此产生的民事责任。

第十条 公民、法人受期货公司或者客户的委托，作为居间人为其提供订约的机会或者订立期货经纪合同的中介服务的，期货公司或者客户应当按照约定向居间人支付报酬。居间人应当独立承担基于居间经纪关系所产生的民事责任。

第十一条 不以真实身份从事期货交易的单位或者个人，交易行为符合期货交易所交易规则的，交易结果由其自行承担。

第十二条 期货公司设立的取得营业执照和经营许可证的分公司、营业部等分支机构超出经营范围开展经营活动所产生的民事责任，该分支机构不能承担的，由期货公司承担。

客户有过错的，应当承担相应的民事责任。

四、无效合同责任

第十三条 有下列情形之一的，应当认定期货经纪合同无效：
（一）没有从事期货经纪业务的主体资格而从事期货经纪业务的；
（二）不具备从事期货交易主体资格的客户从事期货交易的；
（三）违反法律、法规禁止性规定的。

第十四条 因期货经纪合同无效给客户造成经济损失的，应当根据无效行为与损失之间的因果关系确定责任的承担。一方的损失系对方行为所致，应当由对方赔偿损失；双方有过错的，根据过错大小各自承担相应的民事责任。

第十五条 不具有主体资格的经营机构因从事期货经纪业务而导致期货经纪合同无效，该机构按客户的交易指令入市交易的，收取的佣金应当返还给客户，交易结果由客户承担。

该机构未按客户的交易指令入市交易，客户没有过错的，该机构应当返还客户的保证金并赔偿客户的损失。赔偿损失的范围包括交易手续费、税金及利息。

五、交易行为责任

第十六条 期货公司在与客户订立期货经纪合同时，未提示客户注意《期货交易风险说明书》内容，并由客户签订或者盖章，对于客户在交易中的损失，应当依据《合同法》第四十二条第（三）项的规定承担相应的赔偿责任。但是，根据以往交易结果记载，证明客户已有交易经历的，应当免除期货公司的责任。

第十七条 期货公司接受客户全权委托进行期货交易的，对交易产生的损失，承担主要赔偿责任，赔偿额不超过损失的百分之八十，法律、行政法规另有规定的除外。

第十八条 期货公司与客户签订的期货经纪合同对下达交易指令的方式未作约定或者约定不明确的，期货公司不能证明其所进行的交易是依据客户交易指令进行的，对该交易造成客户的损失，期货公司应承担赔偿责任，客户予以追认的除外。

第十九条　期货公司执行非受托人的交易指令造成客户损失，应当由期货公司承担赔偿责任，非受托人承担连带责任，客户予以追认的除外。

第二十条　客户下达的交易指令没有品种、数量、买卖方向的，期货公司未予拒绝而进行交易造成客户的损失，由期货公司承担赔偿责任，客户予以追认的除外。

第二十一条　客户下达的交易指令数量和买卖方向明确，没有有效期限的，应当视为当日有效；没有成交价格的，应当视为按市价交易；没有开平仓方向的，应当视为开仓交易。

第二十二条　期货公司错误执行客户交易指令，除客户认可的以外，交易的后果由期货公司承担，并按下列方式分别处理：

（一）交易数量发生错误的，多于指令数量的部分由期货公司承担，少于指令数量的部分，由期货公司补足或者赔偿直接损失；

（二）交易价格超出客户指令价位范围的，交易差价损失或者交易结果由期货公司承担。

第二十三条　期货公司不当延误执行客户交易指令给客户造成损失的，应当承担赔偿责任，但由于市场原因致客户交易指令未能全部或者部分成交的，期货公司不承担责任。

第二十四条　期货公司超出客户指令价位的范围，将高于客户指令价格卖出或者低于客户指令价格买入后的差价利益占为己有的，客户要求期货公司返还的，人民法院应予支持，期货公司与客户另有约定的除外。

第二十五条　期货交易所未按交易规则规定的期限、方式，将交易或者持仓头寸的结算结果通知期货公司，造成期货公司损失的，由期货交易所承担赔偿责任。

期货公司未按期货经纪合同约定的期限、方式，将交易或者持仓头寸的结算结果通知客户，造成客户损失的，由期货公司承担赔偿责任。

第二十六条　期货公司与客户对交易结算结果的通知方式未作约定或者约定不明确，期货公司未能提供证据证明已经发出上述通知的，对客户因继续持仓而造成扩大的损失，应当承担主要赔偿责任，赔偿额不超过损失的百分之八十。

第二十七条　客户对当日交易结算结果的确认，应当视为对该日之前所有持仓和交易结算结果的确认，所产生的交易后果由客户自行承担。

第二十八条　期货公司对交易结算结果提出异议，期货交易所未及时采取措施导致损失扩大的，对造成期货公司扩大的损失应当承担赔偿责任。

客户对交易结算结果提出异议，期货公司未及时采取措施导致损失扩大的，期货公司对造成客户扩大的损失应当承担赔偿责任。

第二十九条　期货公司对期货交易所或者客户对期货公司的交易结算结果有异议，而未在期货交易所交易规则规定或者期货经纪合同约定的时间内提出的，视为期货公司或者客户对交易结算结果已予以确认。

第三十条　期货公司进行混码交易的，客户不承担责任，但期货公司能够举证证明其已按照客户交易指令入市交易的，客户应当承担相应的交易结果。

六、透支交易责任

第三十一条 期货交易所在期货公司没有保证金或者保证金不足的情况下，允许期货公司开仓交易或者继续持仓，应当认定为透支交易。

期货公司在客户没有保证金或者保证金不足的情况下，允许客户开仓交易或者继续持仓，应当认定为透支交易。

审查期货公司或者客户是否透支交易，应当以期货交易所规定的保证金比例为标准。

第三十二条 期货公司的交易保证金不足，期货交易所未按规定通知期货公司追加保证金的，由于行情向持仓不利的方向变化导致期货公司透支发生的扩大损失，期货交易所应当承担主要赔偿责任，赔偿额不超过损失的百分之六十。

客户的交易保证金不足，期货公司未按约定通知客户追加保证金的，由于行情向持仓不利的方向变化导致客户透支发生的扩大损失，期货公司应当承担主要赔偿责任，赔偿额不超过损失的百分之八十。

第三十三条 期货公司的交易保证金不足，期货交易所履行了通知义务，而期货公司未及时追加保证金，期货公司要求保留持仓并经书面协商一致的，对保留持仓期间造成的损失，由期货公司承担；穿仓造成的损失，由期货交易所承担。

客户的交易保证金不足，期货公司履行了通知义务而客户未及时追加保证金，客户要求保留持仓并经书面协商一致的，对保留持仓期间造成的损失，由客户承担；穿仓造成的损失，由期货公司承担。

第三十四条 期货交易所允许期货公司开仓透支交易的，对透支交易造成的损失，由期货交易所承担主要赔偿责任，赔偿额不超过损失的百分之六十。

期货公司允许客户开仓透支交易的，对透支交易造成的损失，由期货公司承担主要赔偿责任，赔偿额不超过损失的百分之八十。

第三十五条 期货交易所允许期货公司透支交易，并与其约定分享利益，共担风险的，对透支交易造成的损失，期货交易所承担相应的赔偿责任。

期货公司允许客户透支交易，并与其约定分享利益，共担风险的，对透支交易造成的损失，期货公司承担相应的赔偿责任。

七、强行平仓责任

第三十六条 期货公司的交易保证金不足，又未能按期货交易所规定的时间追加保证金的，按交易规则的规定处理；规定不明确的，期货交易所有权就其未平仓的期货合约强行平仓，强行平仓所造成的损失，由期货公司承担。

客户的交易保证金不足，又未能按期货经纪合同约定的时间追加保证金的，按期货经纪合同的约定处理；约定不明确的，期货公司有权就其未平仓的期货合约强行平仓，强行平仓造成的损失，由客户承担。

第三十七条 期货交易所因期货公司违规超仓或者其他违规行为而必须强行平仓的,强行平仓所造成的损失,由期货公司承担。

期货公司因客户违规超仓或者其他违规行为而必须强行平仓的,强行平仓所造成的损失,由客户承担。

第三十八条 期货公司或者客户交易保证金不足,符合强行平仓条件后,应当自行平仓而未平仓造成的扩大损失,由期货公司或者客户自行承担。法律、行政法规另有规定或者当事人另有约定的除外。

第三十九条 期货交易所或者期货公司强行平仓数额应当与期货公司或者客户需追加的保证金数额基本相当。因超量平仓引起的损失,由强行平仓者承担。

第四十条 期货交易所对期货公司、期货公司对客户未按期货交易所交易规则规定或者期货经纪合同约定的强行平仓条件、时间、方式进行强行平仓,造成期货公司或者客户损失的,期货交易所或者期货公司应当承担赔偿责任。

第四十一条 期货交易所依法或依交易规则强行平仓发生的费用,由被平仓的期货公司承担;期货公司承担责任后有权向有过错的客户追偿。

期货公司依法或依约定强行平仓所发生的费用,由客户承担。

八、实物交割责任

第四十二条 交割仓库未履行货物验收职责或者因保管不善给仓单持有人造成损失的,应当承担赔偿责任。

第四十三条 期货公司没有代客户履行申请交割义务的,应当承担违约责任;造成客户损失的,应当承担赔偿责任。

第四十四条 在交割日,卖方期货公司未向期货交易所交付标准仓单,或者买方期货公司未向期货交易所账户交付足额货款,构成交割违约。

构成交割违约的,违约方应当承担违约责任;具有合同法第九十四条第(四)项规定情形的,对方有权要求终止交割或者要求违约方继续交割。

征购或者竞卖失败的,应当由违约方按照交易所有关赔偿办法的规定承担赔偿责任。

第四十五条 在期货合约交割期内,买方或者卖方客户违约的,期货交易所应当代期货公司、期货公司应当代客户向对方承担违约责任。

第四十六条 买方客户未在期货交易所交易规则规定的期限内对货物的质量、数量提出异议的,应视为其对货物的数量、质量无异议。

第四十七条 交割仓库不能在期货交易所交易规则规定的期限内,向标准仓单持有人交付符合期货合约要求的货物,造成标准仓单持有人损失的,交割仓库应当承担责任,期货交易所承担连带责任。

期货交易所承担责任后,有权向交割仓库追偿。

九、保证合约履行责任

第四十八条 期货公司未按照每日无负债结算制度的要求,履行相应的金钱给付义务，期货交易所亦未代期货公司履行，造成交易对方损失的，期货交易所应当承担赔偿责任。

期货交易所代期货公司履行义务或者承担赔偿责任后，有权向不履行义务的一方追偿。

第四十九条　期货交易所未代期货公司履行期货合约，期货公司应当根据客户请求向期货交易所主张权利。

期货公司拒绝代客户向期货交易所主张权利的，客户可直接起诉期货交易所，期货公司可作为第三人参加诉讼。

第五十条　因期货交易所的过错导致信息发布、交易指令处理错误，造成期货公司或者客户直接经济损失的，期货交易所应当承担赔偿责任，但其能够证明系不可抗力的除外。

第五十一条　期货交易所依据有关规定对期货市场出现的异常情况采取合理的紧急措施造成客户损失的，期货交易所不承担赔偿责任。

期货公司执行期货交易所的合理的紧急措施造成客户损失的，期货公司不承担赔偿责任。

十、侵权行为责任

第五十二条　期货交易所、期货公司故意提供虚假信息误导客户下单的，由此造成客户的经济损失由期货交易所、期货公司承担。

第五十三条　期货公司私下对冲、与客户对赌等不将客户指令入市交易的行为，应当认定为无效，期货公司应当赔偿由此给客户造成的经济损失；期货公司与客户均有过错的，应当根据过错大小，分别承担相应赔偿责任。

第五十四条　期货公司擅自以客户的名义进行交易，客户对交易结果不予追认的，所造成的损失由期货公司承担。

第五十五条　期货公司挪用客户保证金，或者违反有关规定划转客户保证金造成客户损失的，应当承担赔偿责任。

十一、举证责任

第五十六条　期货公司应当对客户的交易指令是否入市交易承担举证责任。

确认期货公司是否将客户下达的交易指令入市交易，应当以期货交易所的交易记录、期货公司通知的交易结算结果与客户交易指令记录中的品种、买卖方向是否一致，价格、交易时间是否相符为标准，指令交易数量可以作为参考。但客户有相反证据证明其交易指令未入市交易的除外。

第五十七条　期货交易所通知期货公司追加保证金，期货公司否认收到上述通知的，由期货交易所承担举证责任。

期货公司向客户发出追加保证金的通知，客户否认收到上述通知的，由期货公司承担举证责任。

十二、保全和执行

第五十八条 人民法院保全与会员资格相应的会员资格费或者交易席位，应当依法裁定不得转让该会员资格，但不得停止该会员交易席位的使用。人民法院在执行过程中，有权依法采取强制措施转让该交易席位。

第五十九条 期货交易所、期货公司为债务人的，人民法院不得冻结、划拨期货公司在期货交易所或者客户在期货公司保证金账户中的资金。

有证据证明该保证金账户中有超出期货公司、客户权益资金的部分，期货交易所、期货公司在人民法院指定的合理期限内不能提出相反证据的，人民法院可以依法冻结、划拨该账户中属于期货交易所、期货公司的自有资金。

第六十条 期货公司为债务人的，人民法院不得冻结、划拨专用结算账户中未被期货合约占用的用于担保期货合约履行的最低限额的结算准备金；期货公司已经结清所有持仓并清偿客户资金的，人民法院可以对结算准备金依法予以冻结、划拨。

期货公司有其他财产的，人民法院应当依法先行冻结、查封、执行期货公司的其他财产。

第六十一条 客户、自营会员为债务人的，人民法院可以对其保证金、持仓依法采取保全和执行措施。

★考点回顾 综合

张某在 2015 年 1 月成为某期货公司的债权人，但期货公司对张某的债务届期不能清偿。下列说法中错误的是（　　）。

A. 期货交易所应当对期货公司的债务承担担保责任

B. 期货公司有其他财产的，应当依法先行冻结、查封、执行其他财产

C. 客户在期货公司保证金账户中的资金不得被冻结、扣划

D. 除期货公司已经结清所有持仓并清偿客户资金的情形以外，期货公司未被期货合约占用的最低限额的结算准备金不得被冻结、扣划

【答案】A

十三、其　他

第六十二条 本规定所称期货公司是指经依法批准代理投资者从事期货交易业务的经营机构及其分公司、营业部等分支机构。客户是指委托期货公司从事期货交易的投资者。

第六十三条 本规定自 2003 年 7 月 1 日起施行。

2003 年 7 月 1 日前发生的期货交易行为或者侵权行为，适用当时的有关规定；当时规定不明确的，参照本规定处理。

最高人民法院关于审理期货纠纷案件若干问题的规定（二）

（《最高人民法院关于审理期货纠纷案件若干问题的规定（二）》于2010年12月27日由最高人民法院审判委员会第1507次会议通过　法释〔2011〕1号）

为解决相关期货纠纷案件的管辖、保全与执行等法律适用问题，根据《中华人民共和国民事诉讼法》等有关法律、行政法规的规定以及审判实践的需要，制定本规定。

第一条　以期货交易所为被告或者第三人的因期货交易所履行职责引起的商事案件，由期货交易所所在地的中级人民法院管辖。

第二条　期货交易所履行职责引起的商事案件是指：

（一）期货交易所会员及其相关人员、保证金存管银行及其相关人员、客户、其他期货市场参与者，以期货交易所违反法律法规以及国务院期货监督管理机构的规定，履行监督管理职责不当，造成其损害为由提起的商事诉讼案件；

（二）期货交易所会员及其相关人员、保证金存管银行及其相关人员、客户、其他期货市场参与者，以期货交易所违反其章程、交易规则、实施细则的规定以及业务协议的约定，履行监督管理职责不当，造成其损害为由提起的商事诉讼案件；

（三）期货交易所因履行职责引起的其他商事诉讼案件。

第三条　期货交易所为债务人，债权人请求冻结、划拨以下账户中资金或者有价证券的，人民法院不予支持：

（一）期货交易所会员在期货交易所保证金账户中的资金；

（二）期货交易所会员向期货交易所提交的用于充抵保证金的有价证券。

第四条　期货公司为债务人，债权人请求冻结、划拨以下账户中资金或者有价证券的，人民法院不予支持：

（一）客户在期货公司保证金账户中的资金；

（二）客户向期货公司提交的用于充抵保证金的有价证券。

第五条　实行会员分级结算制度的期货交易所的结算会员为债务人，债权人请求冻结、划拨结算会员以下资金或者有价证券的，人民法院不予支持：

（一）非结算会员在结算会员保证金账户中的资金；

（二）非结算会员向结算会员提交的用于充抵保证金的有价证券。

第六条　有证据证明保证金账户中有超过上述第三条、第四条、第五条规定的资金或者有价证券部分权益的，期货交易所、期货公司或者期货交易所结算会员在人民法院指定的合理期限内不能提出相反证据的，人民法院可以依法冻结、划拨超出部分的资金或者有价证券。

期货法律法规

有证据证明期货交易所、期货公司、期货交易所结算会员自有资金与保证金发生混同，期货交易所、期货公司或者期货交易所结算会员在人民法院指定的合理期限内不能提出相反证据的，人民法院可以依法冻结、划拨相关账户内的资金或者有价证券。

第七条 实行会员分级结算制度的期货交易所或者其结算会员为债务人，债权人请求冻结、划拨期货交易所向其结算会员依法收取的结算担保金的，人民法院不予支持。

有证据证明结算会员在结算担保金专用账户中有超过交易所要求的结算担保金数额部分的，结算会员在人民法院指定的合理期限内不能提出相反证据的，人民法院可以依法冻结、划拨超出部分的资金。

第八条 人民法院在办理案件过程中，依法需要通过期货交易所、期货公司查询、冻结、划拨资金或者有价证券的，期货交易所、期货公司应当予以协助。应当协助而拒不协助的，按照《中华人民共和国民事诉讼法》第一百零三条之规定办理。

第九条 本规定施行前已经受理的上述案件不再移送。

第十条 本规定施行前本院作出的有关司法解释与本规定不一致的，以本规定为准。

考点回顾 多选

期货交易所为债务人的，债权人可以请求人民法院冻结、划拨以下（　　）账户中的资金或者有价证券。

A. 期货交易所会员在期货交易所保证金账户中的资金

B. 期货交易所自有账户中的资金

C. 期货交易所会员向期货交易所提交的用于充抵保证金的有价证券

D. 属于期货交易所自有的有价证券

【答案】BD